聚焦三农:农业与农村经济发展系列研究(典藏版)

农地城市流转的社会福利效应
——基于公平与效率理论的实证研究

彭开丽　著

国家自然科学基金青年基金项目"福利均衡目标下农地城市流转的福利效应与公共选择研究(71003041)"

科 学 出 版 社

北 京

内 容 简 介

农地城市流转不论是其产生的社会效益还是经济效益，从总体与长远的角度看都是积极有效的，但在许多方面也存在明显的负效应。为剖析农地城市流转的社会福利效应，本书在福利经济学的理论基础上，从微观和宏观两个层面展开实证研究；通过构建农地城市流转的福利分配模型与社会福利函数，探讨实现各权利主体福利均衡与社会福利最大化的条件，分析中国农地城市流转的效率和公平现状；并剖析造成土地市场配置效率低下和分配不公的深层次原因；最后，提出必须从社会福利最大化原则出发，将市场机制、政府宏观调控和社会制衡机制统一起来，兼顾公平和效率，实现资源的最优配置。

本书可供各级政府农业部门，土地资源管理、农林经济管理及环境资源管理相关领域的科研院所及高等院校师生参考。

图书在版编目（CIP）数据

农地城市流转的社会福利效应：基于公平与效率理论的实证研究 / 彭开丽著. —北京：科学出版社，2012（2017.3 重印）

（聚焦三农：农业与农村经济发展系列研究：典藏版）

ISBN 978-7-03-033135-9

Ⅰ.①农… Ⅱ.①彭… Ⅲ.①农村 - 土地流转 - 研究 - 中国
Ⅳ.①F321.1

中国版本图书馆 CIP 数据核字（2011）第 272650 号

丛书策划：林　剑

责任编辑：林　剑／责任校对：桂伟利
责任印制：钱玉芬／封面设计：王　浩

科 学 出 版 社 出版
北京东黄城根北街 16 号
邮政编码：100717
http://www.sciencep.com

北京京华虎彩印刷有限公司 印刷
科学出版社发行　各地新华书店经销
*
2012 年 3 月第 一 版　开本：B5（720×1000）
2012 年 3 月第一次印刷　印张：11 3/4
2017 年 3 月印　　刷　字数：222 000

定价：88.00 元
（如有印装质量问题，我社负责调换）

总　序

农业是国民经济中最重要的产业部门，其经济管理问题错综复杂。农业经济管理学科肩负着研究农业经济管理发展规律并寻求解决方略的责任和使命，在众多的学科中具有相对独立而特殊的作用和地位。

华中农业大学农业经济管理学科是国家重点学科，挂靠在华中农业大学经济管理学院和土地管理学院。长期以来，学科点坚持以学科建设为龙头，以人才培养为根本，以科学研究和服务于农业经济发展为己任，紧紧围绕农民、农业和农村发展中出现的重点、热点和难点问题开展理论与实践研究；21 世纪以来，先后承担完成国家自然科学基金项目 23 项，国家哲学社会科学基金项目 23 项，产出了一大批优秀的研究成果，获得省部级以上优秀科研成果奖励 35 项，丰富了我国农业经济理论，并为农业和农村经济发展作出了贡献。

近年来，学科点加大了资源整合力度，进一步凝练了学科方向，集中围绕"农业经济理论与政策"、"农产品贸易与营销"、"土地资源与经济"和"农业产业与农村发展"等研究领域开展了系统和深入的研究，尤其是将农业经济理论与农民、农业和农村实际紧密联系，开展跨学科交叉研究。依托挂靠在经济管理学院和土地管理学院的国家现代农业柑橘产业技术体系产业经济功能研究室、国家现代农业油菜产业技术体系产业经济功能研究室、国家现代农业大宗蔬菜产业技术体系产业经济功能研究室和国家现代农业食用菌产业技术体系产业经济功能研究室等四个国家现代农业产业技术体系产业经济功能研究室，形成了较为稳定的产业经济研究团队和研究特色。

为了更好地总结和展示我们在农业经济管理领域的研究成果，出版了这套农业经济管理国家重点学科《农业与农村经济发展系列研究》丛书。丛书当中既包含宏观经济政策分析的研究，也包含产业、企业、市场和区域等微观层面的研究。其中，一部分是国家自然科学基金和国家哲学社会科学基金项目的结题成果，一部分是区域经济或产业经济发展的研究报告，还有一部分是青年学者的理论探索，每一本著作都倾注了作者的心血。

本丛书的出版，一是希望能为本学科的发展奉献一份绵薄之力；二是希望求教于农业经济管理学科同行，以使本学科的研究更加规范；三是对作者辛勤工作的肯定，同时也是对关心和支持本学科发展的各级领导和同行的感谢。

李崇光

2010 年 4 月

序

随着城市规模的扩大，农地城市流转成为当今中国经济发展和乡村城市化进程中普遍的社会经济现象。农地城市流转一方面使土地资源市场价值和城市化水平上升，产生了巨大的经济效益与社会效益；另一方面，无序、无控制的农地城市流转也会造成环境外溢、经济外溢、社会和政治外溢，威胁到粮食安全、开敞空间的保护、天然生境的维护和失地农民的生存等，带来一系列不可逆转的生态环境问题和社会问题。那么，在此过程中，各权利主体的福利水平是如何变化的？国民经济福利的增长是否足以弥补其由于效率低下和不公平而引起的社会福利损失？这项社会经济活动究竟带来怎样的社会福利效应？这些问题已成为资源与环境经济学和福利经济学研究的焦点和难点。科学、合理地测算农地城市流转的社会福利效应，不仅能够弥补市场机制作用不足给农地城市流转决策带来的影响，而且对于实现各权利主体的福利均衡、维护社会公平具有重大的理论与现实意义。

福利经济学与公平和效率理论是该书的理论基础。其中，福利经济学的基本观点始终贯穿全文，指导该书的构思和理论模型的构建；效率和公平是该书的两大主线，通过分析中国现行农地城市流转的效率和公平现状，检验现行农地资源非农化配置的市场失灵、政府失灵、配置不公和效率不高的现象。

作者首先以福利经济学为理论基础，通过探讨农地城市流转中不同权利主体的福利变化，提出了农地城市流转的社会福利目标是：流转后社会的总体福利水平达到或超过流转前的水平，各权利主体的福利水平应该随着农地城市流转的进程稳步增加，失地农民有平等的机会分享农地资源城市化配置增加的社会福利。通过建立农地城市流转的福利分配模型，得出结论：农地城市流转后增值收益的分配不公是导致各个权利主体福利不均衡的主要原因，政府必须按照农业用地边际生产效益等于非农用地边际生产效益的原则配置土地资源，方可兼顾农地非农化配置的效率和公平，并实现土地资源的可持续利用，实现社会福利的最大化。

接着，作者从微观与宏观角度展开了实证研究。作者选取湖北省武汉市、仙桃市、荆门市和宜昌市城乡交错区为实地调研区域，重点调查土地征收前后村集体和农户的经济收入变化、征地意愿及价格意愿、补偿情况和社会保障状况等方面，并采用统计与对比分析方法对农地城市流转前后集体经济组织和农户的福利变化进行了分析。在宏观层面，作者在阐述福利改进判断标准和福利测度方法的基础上，运用国家 1994–2005 年宏观统计数据对中国 12 年来农地城市流转的需求和供应曲线进行了模拟，以农地边际生产效益等于非农用地边际生产效益的原则计算出最优流转量，通过最优流转量与实际流转量的差值计算出社会福利的损失量，得出中国农地流转过度、过快的结论。

造成中国目前农地城市流转存在着社会福利损失的原因无外乎以下两点：一是土地资源配置效率低下，二是农地非农化过程中存在着机会不公平和结果不公平。而公平与效率的统一是实现社会福利最大化的必要条件，也是实现土地资源配置的理想条件。为此，作者从效率和公平两个角度来分析中国农地城市流转的现状，并揭示了造成市场配置效率低下和机会不公、结果不公的深层次原因。提出：必须从社会福利最大化原则出发，将市场机制、政府宏观调控和社会制衡机制统一起来，兼顾公平和效率，实现资源的最优配置。

最后，作者从重构农地产权制度、充分尊重农民在土地征用中的主体地位、完善土地征用补偿机制健全社会保障体系等方面提出了政策建议。

本研究在以下三个方面有创新：①从理论上提出了中国农地城市流转的总体目标，是实现社会福利的最大化；②从方法上建立了农地城市流转中不同权利主体的福利均衡模型及社会福利函数；③以大量实地调研资料与统计数据为基础，从微观和宏观层次对中国农地城市流转的公平与效率现状及其对社会福利的影响进行了实证研究。其研究结论将为农地城市流转的配置调控目标、评判依据、实现机制及相应公共政策、措施的制定和实施提供科学依据。

总之，将农地城市流转与社会福利联系在一起进行研究本身就是一个全新的思路。国内尚未见到有学者从福利经济学的角度系统地、专题地研究农地城市流转的问题。作者在理论分析的基础上，结合实地调查和统计资料的收集，进行了大量数据的对比分析和相应的计量计量经济模型检验。该著作内容丰富，资料翔实，逻辑清晰，论证有力。同时，行文规范，文笔流畅，是一部优秀的农业经济学论著。

然而，农地城市流转的福利效应测度是一个非常复杂的问题，其原因在于：一方面农地城市流转的过程与经济、社会乃至生态环境等多个方面相联系；另一方面，土地资源的配置效率与配置结果涉及各个相关权益主体的利益。因此，该书所提出的一些观点也仍然需要进一步的研究和深化，研究方法

（尤其是农地城市流转中各权利主体与国家层面的福利水平与福利变化的测度方法）仍需进一步改进与完善。得知该著作将由科学出版社出版，作为作者的导师，深感欣慰，特代之为序。同时，我也真切地希望她能够以此为起点，再接再厉，在本研究领域内进一步深入探索，取得新的成绩。

张安录

2011 年 7 月于武汉狮子山

前　言

著名经济学家黄有光（2005）曾经说过：“虽然价值不等同于福利，但任何价值都必须由福利来解释。”也就是说，判断一项社会经济活动是否有价值，其唯一的标准是分析它的社会福利效应是否为正。农地城市流转是当今中国经济发展和乡村城市化进程中普遍的社会经济现象，是现阶段城市增量土地的唯一合法来源。农地城市流转不论是其所产生的社会效益还是经济效益，从总体与长远的角度来看都是积极有效的，但也存在着明显的负作用，如造成中国人地矛盾不断加剧、粮食安全效益降低、生态环境退化、失地农民收入水平下降及其社会保障受到严重威胁等。那么，农地城市流转给人们带来的国民经济福利的增长是否足以弥补其由于效率低下和不公平而引起的社会福利损失，即这项社会经济活动究竟带来怎样的社会福利效应？在此过程中，各权利主体又将发生怎样的福利变化？

为了回答这些问题，本书从以下七个方面展开了论述：

导论部分在介绍研究背景的基础上提出了研究问题——从公平和效率角度研究农地城市流转的社会福利效应，并分析实现目标的路径；接着对国内外关于农地城市流转的相关研究动态进行了回顾并作了简要评述；最后对本书研究的目的、意义、技术路线、方法和可能的创新点进行了归纳。

第1章是理论基础，依次梳理了福利经济学理论、公平和效率理论、外部性理论和集体选择理论的相关观点。其中福利经济学的基本观点始终贯穿全文，指导本书的构思；效率和公平是本书的两大主线，通过分析中国农地城市流转的效率和公平现状，可剖析造成中国土地利用效率低下和社会不公的原因所在；通过外部性理论可剖析土地征收过程中的外部性问题和市场失灵问题；集体选择理论可帮助探寻如何从农地城市流转中各权利主体的不同选择到集体选择，从而分析实现目标的有效路径。

第2章以福利经济学为理论基础，通过探讨农地城市流转中不同权利主体的福利变化，提出农地城市流转的社会福利目标是：社会的总体福利水平达到或超过流转前的水平，各权利主体的福利水平应该随着农地城市流转的进程逐步增加，失地农民应该有平等的机会分享农地资源城市化配置增加的社会福利。通过建立农地城市流转的福利分配模型，得出结论：社会福利绝对量的大小和各权利主体所得相对量的大小均与一定阶段内农地城市流转的速度密切相关；政府应确定一个公平、合理的征地价格，才足以弥补农民失地后损失的经济收益和社会保障。通过构建农地城市流转的社会福利函数，分析了社会福利最大化的实现条件，结果表明：农地城市流转后增值收益的分配不公是导致各个权利主体福利不均衡的主要原因，政府必须按照农业用地边际生产效益等于非农用地边际生产效益的原则配置土地资源，方可兼顾农地非农化配置的效率和公平，并实现土地资源的可持续利用。

第 3 章在对湖北省武汉市、仙桃市、荆门市和宜昌市城乡交错区实地调研的基础上对农地城市流转前后集体经济组织和农户的福利变化进行了分析，调查的重点在土地征收后村集体和农户的经济收入变化、征地意愿及价格意愿、补偿情况和社会保障状况等方面。研究结果表明：农民作为相对弱势的权利主体，因获得的补偿标准较低，很难分享到农地流转后增加的土地收益，其中大多数人的福利正在逐步减小。村集体所获的土地征收补偿款往往不足以维持村组的集体经济发展并用于村民的福利改善。

在进行微观分析之后，第 4 章从国家的宏观角度研究了农地城市流转的社会福利效应。首先定性分析了农地城市流转的正福利效应和负福利效应，接着阐述了判断福利改进的标准和福利测度的方法，然后运用 C-D 生产函数和国家 1994~2005 年宏观统计数据对其 12 年间农地城市流转的需求和供应曲线进行了模拟，以农地边际生产效益等于非农用地边际生产效益的原则计算出最优流转量，并通过最优流转量与实际流转量之间的比较，计算出社会福利的损失量，得出中国存在着农地城市流转效率损失与农地过度流转的结论。

公平与效率的统一是土地资源配置的理想条件，也是实现社会福利最大化的必要条件。为此，本书第 5 章深入分析了中国农地城市流转的效率和公平现状，并探讨了造成市场配置效率低下和机会不公、结果不公的深层次原因；提供此必须从社会福利最大化原则出发，将市场机制、政府宏观调控和社会制衡机制统一起来，兼顾公平和效率，实现资源的最优配置。

第 6 章进行了总结和归纳，提出了研究结论和不足之处，并结合集体选择理论针对中国土地市场机制、收益分配机制和失地农民的社会保障机制中存在的问题提出了相关的政策建议。

本书具有三个方面的主要特点：一是从理论上提出了中国农地城市流转的总体目标是实现公平与效率的统一及社会福利的最大化；二是从方法上建立了

农地城市流转中不同权利主体的福利均衡模型及社会福利函数，分析农地城市流转中各权利主体福利均衡增长的条件和社会福利最大化的实现条件，为类似的宏观经济研究提供了有益的借鉴；三是以大量调研所获第一手资料与国家统计数据为基础，从宏观和微观层次对中国农地城市流转的公平与效率现状及其对社会福利的影响进行了实证研究，检验了现行农地资源非农化配置的市场失灵、政府失灵、配置不公和效率不高的现象，并提出了政策建议。

彭开丽

2011 年 7 月

目　录

导　　论

0.1　研究背景

"人们为了活着，聚集于城市；为了活得更好，居留于城市"。2000多年前，古希腊哲学家亚里士多德就断言，人类社会的发展将选择城市化（urbanization）。事实正如哲人所预言的那样，世界经济发展的进程正是一个不断由传统农业格局转向以工业化和现代化为特征的城市格局的全方位转换过程，无论是发达国家还是不发达国家都在经历城市化水平的迅速提高。如图0-1所示，2006年世界城市化水平已达49%，2008年城市化水平将超过50%。中国城市化水平与世界城市化水平一样，正继续稳步提高，但总体水平仍较低，处于滞后状态。从这个角度观察，中国尚属于中低收入国家的水平。与此同时，世界和中国农业人口所占比例都在逐步下降，但中国的农业人口比例仍比世界平均水平高出约10%。

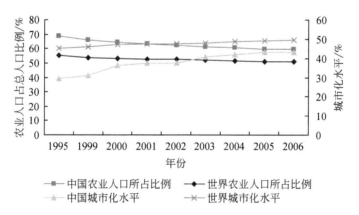

图0-1　1995~2006年世界和中国城市化水平与农业人口所占比例
资料来源：中国统计年鉴（1996~2006年）

城市化的快速发展一方面使社会财富以前所未有的速度累积，由此引起经济增长速度加快；但另一方面，城市化进程不断占用大量耕地资源，使中国耕地面积已经减少了10%以上，且城市（镇）的扩张以及工矿用地的增加、交通线的建设、水利设施的建设占用的耕地大部分是土地生产率较高的上等耕地。

我们通常把城市化不断占用农地资源的现象称为农地城市流转[①]，中国目前农地城市流转的现状可简要评述如下。

0.1.1 中国的耕地资源正在大幅减少[②]

1999年公布的全国土地利用现状调查数据显示，1996年中国的耕地面积为13 003.9万公顷，2004年中国耕地面积降低为12 259.3万公顷，2000~2004年平均每年减少132.3万公顷，随着非农人口的不断增加，预计到2050年人均耕地面积将下降为1亩[③]。

如表0-1所示，耕地面积减少的主要原因有三个：一是非农业用地，主要是国家基建、乡村集体基建和农民建房需要占用耕地面积；二是由于农业内部结构调整，如用于退耕造林、改果、改渔、改牧；三是灾害毁地和撂荒。其中，灾毁耕地数量小，且难受控制，不予讨论；退耕还林、还草、还湖减少对象多为不宜耕种、对生态安全构成威胁的耕地，农业结构调整后像园地、牧草地、水面等很大程度上是非耕地资源，它有助于改善区域的生态环境，对耕地也不构成本质上威胁；而非农建设占用的比例极其大，且农地一旦大量被开发成城市建设用地，农业生产的基本要素——耕作层土壤不复存在，农地将不可逆转地失去或难以恢复，对粮食安全和生态环境都造成了负面影响。

表0-1　中国1999年、2001~2006年耕地增减变动情况统计　　单位：万公顷

年　份	增加耕地面积		减少耕地面积				变动耕地面积
	开发复垦整理	农业结构调整	建设占用	生态退耕	灾毁耕地	其他	
1999	25.75	14.76	20.53	39.46	13.47	10.71	−43.66
2001	20.27	6.33	16.37	59.06	3.06	10.84	−62.73
2002	26.08	8.04	19.65	14.25	5.63	34.90	−168.62
2003	31.08	3.28	22.91	22.37	5.04	36.42	−253.74

---

① 农地城市流转的概念界定见本书0.2.1。

② 鉴于资料的可获取性，本节只分析了耕地的变化状况，一方面农地城市流转主要占用的是质量较优的耕地；另一方面耕地是农地的重要组成部分，耕地的变动情况能从一定程度上反映出农地的变化情况。

③ 1亩≈666.7平方米。

年　份	增加耕地面积		减少耕地面积				变动耕地面积
	开发复垦整理	农业结构调整	建设占用	生态退耕	灾毁耕地	其他	
2004	34.56	18.47	29.28	73.29	6.33	38.94	−94.80
2005	30.67	31.62	21.21	39.03	5.35	32.86	−36.16
2006		4.02	16.73	33.94	3.59		−11.56

资料来源：1999～2005 年数据根据历年《中国国土资源年鉴》整理而得，2006 年数据来自《中国农业统计年报》

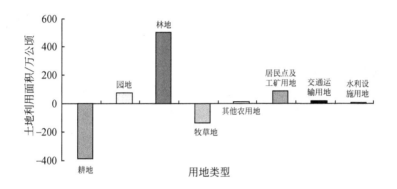

图 0-2　2005 年相对 2002 年全国土地利用类型变化量

0.1.2　城市建设用地面积正在迅速扩张

韩冰华（2005）等学者认为城市化扩张占用农地是导致农地非农化迅猛的四大因素之一。1990～2002 年，中国城市化水平由 26.5% 上升到 39%（吴群，2006）。根据城市发展及公共设施建设的需要，大量农地转化为城市建设发展用地，据推算，中国 20%～30% 的耕地减少面积为城镇建设所用。

城市建设用地主要包括居民点及工矿用地、交通用地和水利设施用地。居民点及工矿用地的扩张占城市建设用地扩张的主要部分，交通建设占地是城镇化进程中仅次于居民点及工矿用地的重要占地项目，而近年来中国水利设施占地也以每年 0.88 万公顷的速度递增，如表 0-2 所示。

表 0-2　　中国 1999～2005 年建设用地情况表　　单位：万公顷

年　份	居民点及工矿用地	交通运输用地	水利设施用地	合　计
1999	2 457.44	569.79	574.14	3 601.37
2000	2 470.90	576.15	573.60	3 620.65
2001	2 487.58	580.76	572.96	3 641.30
2002	2 509.54	207.66	355.19	3 072.38
2003	2 535.42	214.52	356.53	3 106.47
2004	2 572.84	223.32	358.95	3 155.12
2005	2 601.51	230.92	359.89	3 192.22

资料来源：根据 2000～2006 年《中国国土资源年鉴》整理而得

据统计，1999～2005 年中国总建设用地增加面积占用耕地的比例平均为52%。根据对总建设用地扩张的预测，可以推算出未来总建设用地占用耕地的数量：2004 年中国总建设用地为 3748 万公顷（为国土总面积的 3.90%）；估计到 2020 年总建设用地将扩张到 4334 万公顷，累计占用耕地 305 万公顷。到2045 年总建设用地将扩张到峰值，为 4638 万公顷（为国土总面积的 4.83%），比 2004 年增加约 890 万公顷，增长 23.8%，即到 2045 年建设用地将扩张 1/4。

图 0-3 表示的是 1996～2006 年全国城市用地面积和耕地面积之间呈现出的反向变动规律，经计算，两者相关系数达到 -0.7150。据此和上述对建设用地及耕地面积变化趋势的预测，我们可以得出结论：城市建设用地面积的扩张是导致耕地面积减少的重要因素之一。

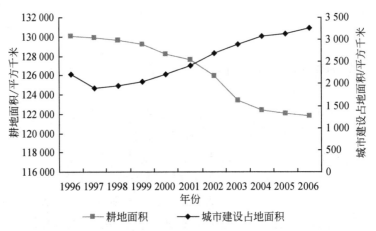

图 0-3　1996～2006 年全国耕地面积与城市建设占地面积变化"剪刀差"图

土地的供给是一切国计民生的基础。为了保障经济建设所必要的土地增量供给，《土地管理法》修正草案中有明确的规定，"国家为了公共利益的需要，可以依法对土地实行征收或者征用并给予补偿"①。土地征用作为国家与生俱来的一种权力，其存在的经济原因就在于土地的政府征用可能产生规模收益以及土地征用可能带来交易成本的节约（陈利根和陈广会，2003）。

目前，农地城市流转的主要方式是土地征收。比较规范征地的程序是：先征为国有，再由国家或政府将使用权出让给非农用地单位，由国家将按照科学方法测算出的征地补偿费补偿给失地农民。然而现实中，国家在征地时，往往将征地价格压得很低，而国家的土地出让价格却通常很高。在此过程中，政府一转手即可获得高额收益；而作为土地所有者的集体和拥有土地承包权的农民，却所得甚少。根据有关资料，目前在城市建设征收农用地的过程中，征地收入的分配比例大致是：农民得 5% ~ 10%，集体得 25% ~ 30%，政府及其机构得 60% ~ 70%②。另外，在土地农转非的过程中，也有相当一部分是以不规范的方式进行的。如地方政府与土地开发商合谋，以较低的价格，从农民手中征得土地，通过土地开发或直接转手，赚得高额利润。可见，目前在土地城市流转过程中，相关集体和农民的利益往往受到侵害③。农民得到的有限利益，甚至远远不能替代流转的土地，发挥相应的保障作用。此外，许多农民还会因为失去土地，不得不更大程度地加入先前不熟悉的非农领域或城镇生活，而增加了生活和就业风险。与此同时，征地补偿费的测算方法不合理、补偿标准偏低也是使被征地集体和农民福利减小的主要原因。

农地城市流转过程中集体福利减小主要表现为：集体所得补偿难以维护村级经济的发展和失地农民的最低生活保障和就业培训等社会保障开支。失地农民的福利减小主要表现在以下两个方面④。

（1）土地被征收后农民的收入水平下降

根据国家统计局 2003 年对 2942 个被征地农户的调查，耕地被征收前人均纯收入平均为 2765 元，耕地被征用后人均纯收入为 2739 元，约下降了 1%。其中土地被征收后年人均纯收入增加的占总调查户数的 43%，降低的占 46%，

---

① 2004 年 3 月 14 日第十届全国人民代表大会第二次会议通过的《中华人民共和国宪法修正案》第 20 条作出了"国家为了公共利益的需要，可以依照法律规定对土地实行征收或者征用并给予补偿"的规定。根据宪法修正案说明中关于"征收主要是所有权的改变，征用只是使用权的改变"的内容，建议将《土地管理法》第 43 条第 2 款、第 45 条、第 46 条、第 47 条、第 49 条、第 51 条、第 78 条、第 79 条中的"征用"修改为"征收"。

② 诸培新（2006）对南京市的实证研究结果表明：从土地征收出让全过程来看，中央、省、市、农村集体和农民之间的受益分配关系为 1.56:1.24:56.36:14.38:26.46。

③ 黄组辉和汪辉（2002）的研究证明，现行征地制度下，非公益性质的征地剥夺了集体土地所有者的土地发展权，用地单位和政府则分享了这部分土地增值收益。

④ 许宝键（2006）认为失地对农民来说意味着失业、失保障、失现有生活水平和失身份，本研究仅论述了其中认为最重要的两个部分。

持平的占11%（黄征学，2006）。土地征收后收入增加的农户，大多分布在城乡结合部或经济技术开发区。这些农民就业机会比远郊和偏远地区农民就业机会和就业选择性要大，加之近郊农民就业意识和择业观念比较开放，就业渠道多种多样，失去土地对他们就业影响并不大。而土地征用后收入降低的农户，大多数是传统农业地区的纯农业户，即失地前基本上完全依靠土地为生的农户，失去土地以后如果无就业门路，加之观念落后、就业意识差，其收入呈下滑趋势。虽然他们在征地后得到了一定的赔偿，但是由于目前土地征收赔偿偏低，远不能解决进城后的生活来源问题。

（2）土地被征收后农民的社会保障受到威胁

对农民、农村集体乃至整个社会而言，土地的社会保障功能在农村社会保障体制还不健全的情况下扮演着非常重要的角色。近年来，尽管在一些经济发达地区和大中城市为农民建立了社会保障，但农民仍无法享受与城市居民同等的社会保障。

中国现行社会保障制度主要包含社会基本养老保险制度、下岗职工基本生活保障和失业保险制度、城市居民最低生活保障制度。这三个制度基本上注重的是体制内成员，没有完全覆盖体制外成员，特别是忽视了占人口绝对比例的农民。从而导致中国社会保障事业城乡发展极度不平衡，并与农村经济改革严重脱节。在许多经济欠发达的农村地区，失地农民不得不面对"种田无地、就业无岗、社保无份"的尴尬局面。针对这一局面，党的"十六大"报告提出了"有条件的地方，探索建立农村养老、医疗保险和最低生活保障制度"，党的"十七大"报告进一步指出要"加快建立覆盖城乡居民的社会保障体系，保障人民基本生活"[1]。

综上所述，中国农地城市流转速率过快，一方面导致了耕地面积锐减，威胁中国粮食安全，另一方面农民的权益得不到保障引发社会矛盾，这些问题与城市供地带来的经济快速发展相比，究竟孰轻孰重？即农地城市流转究竟将给社会福利带来怎样的影响？这将是本文要研究的问题。

0.2 相关概念的诠释

0.2.1 农地城市流转

农地城市流转（rural-urban land conversion）是指在城市发展过程中，随着城市规模的扩大，城市土地需求量增大，城市土地需求者通过经济的手段或者

---

[1] 分别见江泽民总书记和胡锦涛总书记在中国共产党第十六次和第十七次全国代表大会上的报告。

行政的手段将城市附近农村土地转变为城市土地，以满足城市土地需求的过程。简而言之，就是在城乡接合部，土地用途由农用转为城市建设用的过程（张安录，1999）。农地城市流转是当今中国经济发展和乡村城市化进程中普遍的社会经济现象，是现阶段城市增量土地的唯一合法来源。

在中国，农地城市流转的主要途径是：国家征收或征用农地集体所有的土地，将土地所有权或使用权转为国家所有，再由地方政府代表国家以划拨或出让的方式将土地使用权转让给用地单位，同时，土地用途由农用转变为城市建设用。在此过程中，国家与地方政府的关系是一种委托—代理关系。新的土地使用者可以在一定条件下将其获得的土地所有权转让给别的土地使用者，从而形成多级土地市场体系和相应的土地价格体系，如图0-4所示。

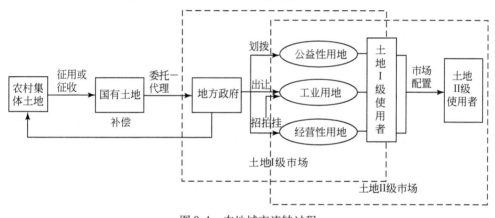

图0-4 农地城市流转过程

注：2007年后工业用地也实行招标、拍卖、挂牌

0.2.2 福利与社会福利

在学术研究领域，不同历史时期不同的学者对福利（welfare）的内涵有不同的理论概括。福利概念及其定义的提出，可以追溯到19世纪英国的功利主义哲学。著名道德哲学家J. 本沁（J. Benthan）教授将福利定义为幸福和快乐。这一定义至今仍在许多领域内产生影响。英国福利经济学的创始人庇古（Pigou）认为：福利包括广义的福利（即社会福利）和狭义的福利（即经济福利）两类，社会福利（social welfare）包括非经济的友谊、正义、自由、愉快等，难以计量，经济福利是可以直接或间接用货币尺度来衡量的福利。而关于主观幸福感（self well-being，SWB）的文献早就已经出现了，在过去的世代增长非常快，特别是在所谓的"积极心理学运动"（Seligman and Csikszenti-halyi，2000）时期。

Derek Parfit（1984）作出的福利概念的分类已经在哲学伦理学中得到广泛地使用（Griffin，1986；Crisp，2001）。他从三个方面界定福利的概念：①快乐论——福利就是快乐；②欲望理论——福利是偏好、欲望的实现；③客观清单理论——"实存性良好观念"。每一种理论都列出了一系列要素，这些要素使得人们可以很好地生活。

Gasper（2002）认为：术语"福利（well-being）"似乎指的是一个人所处的状态，或良好或勉强的评估，总之是一种聚焦于人的"存在"的任何评估。

而中国学者郑功成（2000）指出，福利包括个人福利和社会福利，前者是指个人对物质生活与精神生活的需要的满足；而后者是一个整体的概念，指一个社会全体成员的个人福利的总和或个人福利的集合。后者的研究对象是整个社会（国家）（等同于许多研究中所说的"国民福利"），本研究中所指的社会福利就是采用郑功成所下的定义，即国民宏观福利水平。

社会福利有广义和狭义之分，狭义的社会福利主要反映在社会的"经济"水平方面，研究方法也多以实证研究为主，在分析中以经济福利作为社会福利的近似替代。广义的社会福利还包括社会伦理、社会规范等相关的内容，研究方法多以规范为主，即从制度上关注社会福利。本书的研究范畴是广义的社会福利，因为福利与经济收入、财富既有联系又有区别。福利是收入、财富给人们带来的效用或者满足的程度，它是一个主观的概念，如庇古曾承认："福利仅仅是由意识状态而不是物质财富构成的"（Pigoll，1999）。经济福利只是福利的中介，它本身并不能全面地反映一国的福利水平。因此，对一国福利的考察，除经济发展指标外，还应结合社会公平指标和社会可持续发展指标来进行。经济学对收入的测算忽视了人类福利的很多内容，虽然这种扭曲正被逐渐关注，但是"人均 GNP 仍然被作为衡量一国生活水平的最重要的指标"（Dasgupta，2001）。

0.2.3 社会福利效应与农地城市流转的社会福利效应

效应（effect），根据《辞海》的解释是：在有限环境下，一些因素和一些结果而构成的一种因果现象，多用于对一种自然现象和社会现象的描述，如收入效应、替代效应、挤出效应等。效应一词使用的范围较广，并不一定指严格的科学定理、定律中的因果关系，如蝴蝶效应、温室效应、马太效应等。社会福利效应这一术语目前出现在很多经济学研究中，指一项社会经济活动对社会福利状况带来的改变（影响），即该项社会经济活动究竟是将增加社会福利，还是将降低社会福利。在这里，社会经济活动是因，而由此带来的社会福利状况的改变是果。

衡量一种经济活动对社会福利的影响通常可以用两个标准进行。一是帕累托标准，即在不降低任何人的福利前提下，某种经济变动还可以增进另外一些人的福利，即增加了社会福利，也就是存在帕累托改进。二是社会净剩余标准，即一种经济变动若使得社会剩余（通常是生产者剩余与消费者剩余之和）增加，则是增加了社会福利。

农地城市流转一方面为国民经济的全面发展提供了土地保障，对经济增长起着重要作用。有大量研究表明：农村土地流转不论是其所产生的社会效益还是经济效益，从总体与长远的角度来看都是积极有效的。但另一方面，农地城市流转也存在着明显的负作用，如造成农地资源的配置效率低下和社会福利损失。从宏观上看，中国人地矛盾不断加剧，粮食安全效益降低、生态环境退化是其负外部作用的集中体现。从微观上看，其负外部性主要表现在：失地农民收入水平下降及其社会保障受到严重威胁等。因此，农地城市流转的社会福利效应是指农地城市流转这项活动对社会和经济所创造的正效用总和扣除由此派生出的负效用总和的余额。基于这一定义，假定 W 为社会福利，W_j^+ 和 W_j^- 分别为农地城市流转所创造出的正效用和负效用，那么测度社会福利效应的理论公式[①]可表述为：

$$W = \sum_{j=0}^{N} W_j^+ - \sum_{j=0}^{n} W_j^-$$

综上所述，本研究的目的就是要判断出 W_j^+ 是否能够弥补 W_j^-，即土地资源配置效率的提高所带来的社会福利增加是否足以弥补由于公平降低而引起的社会福利损失（W 究竟为正还是为负）？以及如何通过一些积极有效的措施逐步将正效用扩大，并将负效用减小？

0.3 国内外文献评述

自 20 世纪六七十年代以来，农地城市流转就引起了国内外学者的共同关注，其研究成果相当丰硕。

0.3.1 国内文献检索

国内学者在农地城市流转相关领域已有大量的研究成果，成果主要集中

---

① 在本书中，用效用 U 来代替福利 W，因为"尽管福利和效用存在着三个偏离的原因，但除非在我们着手讨论的问题中，完全可以对这种偏离忽略不计"，见黄有光的《福利经济学》。

于农地城市流转的特征与规律（闵捷和张安录，2004；杨军炜，2004；曲福田，1999～2002，张安录，1996～2000）、规模与方式（张安录，1996～2000；李成和史健，2002；张照新，2002；黄贤金和方鹏，2002）、驱动力与机理（吴次芳和杨志荣，2008；吴郁玲，2006～2007；曲福田等，2005；杜文星和黄贤金，2005；李雷艳和周介铭，2005；Xie et al.，2005；李晓云和张安录，2003）、决策（孙海兵，2005；黄烈佳，2006）、影响因素（高魏等，2007；杨志荣等，2008；邵绘春等，2008）、收益分配与失地农民收益保障（陈莹，2008；臧俊梅等，2008；诸培新，2006）、调控政策（乔荣锋等，2008；钱忠好，2003；刘红萍和杨钢桥，2005；张安录，1998～2000）、农民的福利变化（高进云，2008）等方面。这些研究成果为促进城乡交错区土地的合理配置和农地城市流转相关政策的制定和调整提供了一些理论基础。

但是，国内关于农地城市流转过程中社会福利变化问题的研究基本处于空白状态。据来自 CNKI 中国知网的检索显示，1998～2007 年，篇名检索中含有"农地流转"或"农地非农化"检索词的文章共 450 篇，含"社会福利"检索词的文章 745 篇，含"经济福利"检索词的文章 110 篇，含"福利变化"检索词的文章 13 篇。但国内极少见到有学者从福利经济学的角度系统的、专题的研究农地城市流转的问题。

0.3.2　国外文献检索

国外学者对农地城市流转的研究成果也相当丰硕，在数据库"springer-link"中分别输入关键词"rural to urban land conversion（农地城市流转）"，"land conversion on the urban fringe（城市边缘土地流转）"，"farmland conversion（农地流转）"，"urbanization of agricultrual land（农地城市化）"和"urban fringe expansion（城市扩张）"共能检索到文献 210 篇，输入关键词"urban growth（城市扩展）"，能检索到文献 1028 篇。在这些文献中，首先，以研究农地保护新的价值内涵的居多，对农地保护的研究也从关注耕地的粮食生产能力转为更多地关注农用地的社会、经济和生态等多方面的价值。其次，流转决策理论模型研究较多，而实证研究集中于流转影响评估上，决策中普遍考虑不可逆性和不确定性（如 Arrow and Fisher，1974；Hodge，1984；Bromley，1989 等的工作均体现了这一特点）。决策方法和标准体现了多样性。除了采用传统的成本效益分析的方法外，还将参与决策因素评估的市场法（还原法、比较法等）和非市场法或假想市场法，如条件评估法（CVM）、享乐定价法

（HP）、旅游成本法（HCM）等分别用于农地的使用价值和非使用价值的评估中。

其中，Gardner（1977）提出了保护高生产率的农地的四个优点；Bromley和Hodge（1990）、McDonnell（1990）认为农地保持项目的价值主要在于保持具有农村特色和开放地的环境价值；Brunstad和Gaasland（1999）、Lopez等（1994）利用支付意愿模型衡量土地成本和农地保持的舒适环境的收益以确定农地保持最优面积；White和Jeanne（1998）认为坚持农用地保护的另一个很重要的原因是能够促使城市存量建设用地的集约利益，减少城市土地的闲置；Firman（2003）认为亚洲的一些国家和地区如日本、韩国、印度尼西亚，农用地保持的研究还比较强调它的粮食生产功能。Gengaja（1992）通过对印度 Maharashtra 城郊农地非农化的实证研究、Ferguson（1992）通过对美国夏威夷城郊农地城市流转的实证研究分别提出了发展中国家和发达国家控制城市用地规模外延扩张的管理模式和具体的对策建议。为了有效地控制优质农地流转，保护生态环境，一些国家政府成立了专门机构并制定了一系列政策。如美国 20 世纪 70 年代中期恢复成立了"土地利用委员会"，俄勒冈成立了"土地保护与发展委员会"，曾制定过区划、征用权区划、发展许可、城市增长边界、税收偏好、可转移发展权制度、发展权购买等制度（张安录，2000）。

在"springerlink"中输入关键词"social welfare"，能检索到文献 2025 篇，而同时输入"land conversion"和"welfare"，仅能搜索到 1 篇论文，作者 Marquette（2006）以收入、教育、健康和能否享受到基本社会服务为指标，根据居住在拉丁美洲热带森林边境的移居者的土地利用现状，分析了他们的生活福利状况。

0.3.3 主要相关研究成果

0.3.3.1 运用福利经济学对农民福利的研究

农民作为社会的弱势群体，其生活福利问题早就受到了广大学者的关注。农民生活质量与福利状况是当前中国社会经济政策议程中最为基础、最为重要和最为突出的问题。在社会现代化与人的现代化背景下，农民与国家关系的基本内涵是：农民实现身份转变（从农民到市民），国家谋求社会现代化发展战略，承担对农民福利的责任与农民生活质量的改善和福利水平的提高（刘继同，2002）。

社会福利是工业化与都市化的产物，是现代社会对贫困等社会问题的制度性回应，基本功能是通过满足变迁中的社会需要与人类需要，缓解社会冲突与解决社会问题，改善生活质量与提高福利水平（Johnson and Schwartz，1997）。社会政策目标是国家福利责任与社会公平，基本运作机制是社会再分配与福利服务提供（Room，1979）。从这种意义上来说，社会福利既是纷繁复杂与千变万化的社会生活的重要组成部分，又是观察与描述社会结构特征和农民与国家关系的基本层面。这意味现代社会福利制度发展需要相应的社会环境与社会条件（Federico，1990）。从这种角度看，中国农民生活状况与福利事业正处于十分独特的环境下：一方面农村社会结构与社会现代化尚处于转型发展时期，农村工业化、都市化和社会现代化进程刚刚起步，缺乏现代社会福利制度发展的社会经济基础与制度性基础。另一方面，城乡二元社会福利结构影响与中国社会现代化要求又迫切需要满足农民不断增长的福利需要，改善他们的生活质量，提高他们的福利水平，增强国家综合实力与提高社会质量。发展中国家普遍面临着两难选择的状况（亨廷顿，1993）。

近年来，公维才（2005）、侯远潮和许世林（2005）、严飞（2005）、陈志国（2005）、许海燕（2005）、吴晓东（2002）、崔志红（2002）等诸多学者撰文从福利经济学角度探讨了中国农村社会养老保险制度和路径选择。杨秀丽和索志林（2006）等学者分析了其他国家农村社会保障制度及与中国的比较和借鉴。王茂富（2005）以福利经济学的理论为指导，研究了中国的水利工程农村移民的福利水平、福利目标、福利水平的决定因素等问题。

有更多学者关注农地征收后失地农民的福利问题，高进云（2008）运用模糊数学评判方法对湖北省失地农户的福利损失进行了测算，并提出了优化路径。许多学者提出了完善失地农民补偿和建立失地农民社会保障体系的政策建议。尽管如此，农民福利议题尚未进入政治精英与知识精英的视野，尚未进入主流公共言论与学术言论空间，是个边缘化议题，这种状况与中国社会的农民国家性质和社会现代化状况极不相称，亟待改变（刘继同，2002）。

0.3.3.2 农地城市流转的效率问题

合理的资源利用要求资源配置在代际上是有效率的，根据效率原则配置土地资源是实现土地资源可持续利用的重要手段。因此，现有制度下农地城市流转的效率是众多学者关注的焦点。首先，研究者们普遍肯定中国改革开放以来农地城市流转在加快经济发展中的积极作用。如裴小林（1999）认为集体土地流转对中国经济转型期乡村工业的迅速发展作出了不朽的贡献。中国农村土地制度研究课题组和张光宏（2006）对土地联产承包责任制以来的几种重要土地流转方式从公平与效率上进行了比较与分析，认为农村土地制度改革应继续坚持效率优先的原则，因为中国农村经济绩效与土地使用权的流转效率密切相关，而在土地联产承包责任制的推行过程中发挥了主要作用的"公平流转"曾使得效率上的潜力已被挖掘殆尽，并阻碍了效率的进一步提高（张光宏和彭小贵，2006）。

但是，更多学者认为中国现存的土地制度导致了农地非农化配置的效率低下。陈江龙等（2004）用C-D生产函数测算了1989~2001年全国不同省份城市建设用地面积对GDP增长的贡献率和平均边际产出，得出东部地区和西部地区在建设用地方面具有比较优势，而大部分中部地区在农业用地方面具有比较优势。陈福军（2001）的研究也表明，东部地区城市建成区面积所产生的效益要高于中西部地区。谭荣等（2005）根据比较单位建设用地面积增加对GDP增产的贡献率，得出在保障经济发展的前提下，应该赋予东部地区更多的非农建设用地占用耕地指标的结论；并且在资源代际最优配置原理的基础上，建立了一个衡量农地非农化是否符合代际配置效率的宏观决策模型，对中国20世纪90年代以来的农地非农化进行了检验，得出中国存在过度非农化的现象，造成了农地过度损失（谭荣和曲福田，2007）。吴郁玲（2006）应用比较优势理论研究了国家级53个经济技术开发区土地利用的比较优势，结果表明，按照区域土地利用的比较优势来配置土地资源能够提高土地利用的总福利水平。

对农地流转低效率的解释涉及土地产权和土地制度。余传贵（2002）认为制度安排的效率决定资源的利用效率，而资源的利用效率在两个方面决定国民的经济福利：一是通过决定商品价值量和价格总水平影响经济福利，二是通过资源的稀缺状况决定商品价格总水平影响经济福利。曲福田和吴丽梅（2004）认为，由于土地产权模糊，农地非农化缺乏身份完全合法、产权完整的经济主体，导致农地资源的利益代表缺失和低效配置。吴旬（2004）认为由于现行的政府管理体制和官员考核机制，地方政府在土地资源非农化配置中的过度竞争和无序竞争要为低效的农地非农化承担重要责任。

尽管学者们采用的研究方法各异，但这些研究都表明：中国的农地非农化配置效率低下，并产生了农地非农化过度性的损失。针对出现的问题，学者们都提出了解决的方法和政策建议，共同的建议是应该按照各个地区农地和建设用地的比较优势不同来分配土地资源，以促进土地资源的可持续利用和社会福利的最大化，并改变当前不合理的地方政府官员激励机制，使他们由利用廉价的土地资源吸引外资转向对本辖区的软硬件环境的建设。

0.3.3.3 农地城市流转的公平问题

经济学不仅注意资源配置的效率问题，同时还注意资源配置的公平问题，因为社会成员间的收入分配和财富分配差距过大，也同样会损害效率，结果的过度不公平将会通过循环累积作用，影响到起点公平和规则公平的有效性①，进而影响到效率的实现。收入分配和财富分配差距过大，还会造成社会的动荡，使国民经济的长期可持续发展受到威胁（杭行和刘传亭，2003）。由此看来，社会福利目标既不完全是公平的目标，也不完全是效率的目标，而是公平与效率的结合和协调，资源的代际配置同样也是一个公平与效率的协调问题。盛广恒和郭剑平（2005）也认为应从公平与效率角度研究土地资源的配置问题，发挥市场在土地资源配置中的基础作用。结合中国特殊国情，完善新型土地资源配置机制，基于公共利益的土地征收补偿制度，以促进城市化进程，维护社会公平，并且认为集体土地征用补偿标准偏低是导致农民利益受到侵害的重要原因，应从社会公平角度出发，构建城市化过程中基于公共利益的土地征收补偿制度，以保障社会公平。

为此，许多学者对土地征用后的公平补偿制度和方法进行了探讨。Uche Ikejiofor（2006）研究了尼日利亚隐形土地流转中的不公平性问题；李明月和江华（2005）从制度角度综述了中国土地征收中存在的非公平性的原因所在，并提出了政策建议；Deman（2000）从 Grossman 和 Hart 理论出发探讨了土地征收的公平补偿方法；刘家顺（2003）从分析效率与公平之间的关系及对资源持续利用的影响入手，以福利经济学理论为基础，建立了资源代际配置的社会福利最大化的目标和最优模型；周大伟（2004）认为中国应该借鉴美国的土地征收补偿制度，建立公平合理的补偿机制；邹秀清（2006）在产业经济理论的基础上提出了兼顾公平与效率的农地非农化补偿标准；石佑启和苗志江（2008）认为落实公平补偿应做到重塑以市场价格为基础的完全补偿原则；逐步扩大农地征收的补偿范围、合理拓展农地征收的补偿方式、完善征地补偿的程序与救济途径；杨雪等（2008）运用基尼系数和洛伦茨曲线的公平性定量分析方法探讨了一种公平性的征地补偿方案，并得出影响这种补偿方案的因素包括经济、社会与自然因素。

0.3.3.4 关于社会福利测度的研究

社会福利究竟能否被测度？这个问题在西方理论学界一直存在争论，至今

---

① 根据公平理论，公平分为机会公平和结果公平。

仍处于见仁见智、尚未达成共识的境地。中国理论界对国民福利测度的可能性持有怀疑态度的学者也大有人在。从历史上看，在长达几十年的争论中，西方理论界就福利究竟能否测量形成两大派别：可测度学派和不可测度学派。

可测度学派的鼻祖是英国著名经济学家、福利经济学创立者 A. C. 庇古教授。庇古力图解决经济福利测度的理论问题。庇古认为，一国的经济福利是建立在个人经济福利基础之上的。或者说，个人的经济福利的总和就是一国经济福利，而个人的经济福利被定义为个人所获得的商品和劳务的效用之和。

不可测度学派以新福利经济学帕累托学派为代表。针对庇古的经济福利概念是以个人所获得的效用为逻辑起点来加以定义的做法，许多学者根据效用序数理论，认为由于效用不能在个人之间进行基数比较，因而个人效用是不能加以测度的，更不可能加以总计。尤其是著名经济学家 K. J. 阿罗在严密的数理逻辑基础上推导出来的"不可能性定理"，为不可测度学派提出的整体福利不等于个体福利之和的命题，提供了有力的理论武器。

直到 1972 年，美国经济学家威廉·诺得豪斯和詹姆斯·托宾等人提出了"经济福利尺度"（MEW）指标，从而为人们开展国民福利核算的研究提供了一个重要启示（杨缅昆，2006）。接下来，1979 年，莫里斯（Morris）提出了一个"物质生活质量指数"（physical quality life index，PQLI），在 20 世纪 80 年代后期，出现了一个新的社会指标——人类发展指数（human development index，HDI）。埃斯特思（Estes）1988 年建立了"社会进步指数"（index of social progress，ISP）。广为人知的、反映不平等的基尼系数则被纳入当代最有影响的福利指标体系——由丹利和柯布于 1990 年建立的"可持续经济福利指数"（index of sustainable economic welfare，ISEW）。1995 年，Cobb，Halstead 和 Rowe 又将 ISEW 进行了有关补充（如加入离婚、犯罪等各种因素），提出了一个更为激进的"真实进步指数"（genuine progress index，GPI）。1996 年，奥地利的 Ruut Veenhoven 在一个比较的基础上，对大约 93 个国家设计了静态的主观福利调查问卷，并对相关结果建立了"幸福感的数据库"（主观幸福指数）。

综上所述，福利的测量分为直接测量和间接测量两种方法，有两种指标体系：主观指标体系和客观指标体系，前者如 SWB（subject well-being，主观幸福感）（Harsanyi，1997），后者如 GDP、ISEW、GPI 等。马歇尔在边际效用论基础上揭示了消费者剩余背后的秘密是商品对消费者的效用，消费者剩余反映了消费者购买和消费商品在既定市场价格下节省或少支付的货币量，是从间接上反映出消费者的福利。

0.3.3.5 土地增值分配与失地农民权益保障研究

农地非农化过程中不同利益主体的土地收益格局决定了资源配置的公平与效率性。国内有许多学者对土地增值分配展开了大量的研究。这些研究有理论研究，也有实质研究。

理论研究有：毛泓和杨钢桥（2000）认为，土地增值分配实质上是土地产权权能在各利益主体之间的配置。土地产权权能在各产权主体中的配置方式不同，就会产生不同的土地分配利益格局。臧俊梅等（2008）也认为农地非农化中失地农民权益受损的内在原因是农地发展权制度缺失。罗丹等（2004）对中国不同农村土地非农化模式的利益分配机制进行了比较研究。原玉延（2005）将马克思的地租理论运用到城市土地管理体制的"三权分离"中，认为应该按照所有者、经营者和使用者各自的责权获得相应的土地增值收益，即绝对地租归中央政府所有、级差地租归地方政府、平均利润归城市土地的实际使用者。马贤磊和曲福田（2006）认为中国土地征收增值收益分配不合理的根源是出现了价格扭曲，因此改革的首要任务是尽快抑制地方政府的征地垄断行为，消除政府价格扭曲。还有一些学者对土地增值收益究竟应该"涨价归公"还是"涨价归私"或是"公私兼顾"展开了激烈的讨论（周诚，2006a，2006b；刘正山，2004，2005）。

实证研究有：曲福田和陈江龙（2001）通过发达地区的实证研究，认为应该增加国家和省级政府的分配比例；高珊（2004）对江苏省的调查得出了全省土地增值的分配比例是政府∶村∶农民＝（60%～70%）∶（25%～30%）∶（5%～10%），认为乡镇、村、组农民之间缺乏可操作的统一分配方法，是导致农民收入进一步减少的原因所在；吕彦彬和王富河（2004）以经济落后的山区 B 县为例，分析了在征地过程中的土地收益分配的状况，并从经济利益驱动和行为动机两方面探讨地方政府是如何处理发展地方经济和补偿农民这一对矛盾的；肖屹等（2008）以江苏省为例，对农地征收中农民土地权益的受损程度进行了测算；诸培新（2006）以南京市 2001～2003 年农地征用收益分配为例，对农地资源配置中的公平与效率性进行了实证研究，得出南京市的农地城市流转中存在着效率低下的问题，最终加速了农地的过度非农化；朱道林等（2006）利用国家统计数据对全国各省份 2001 年土地征收后的增值进行了测算；陈莹（2008）在大量调研的基础上对湖北省武汉、仙桃、荆门、宜昌四个地区的土地征收收益分配现状进行了实证分析，提出了土地征收利益的调整方向，等等。

针对土地征收中农民福利损失的现象，学者们提出了许多维护农民权益的措施，他们认为必须改革现行土地征收制度，构建失地农民社会保障体制，大力促进就业、养老和相关配套措施建设，切实保障中国失地农民的合法权益。根据 CNKI 的检索显示，1999～2007 年，关于这一领域研究的期刊论文有 918 篇。当资源配置人为地朝向社会边际收益较大的生产领域时，对个别的边际收益较少的生产领域就有必要给予补偿（张德威，2007）。这种补偿有些有时是通过政策倾斜或制定特殊政策进行的。然而目前的土地安置政策存在补偿标准低、社会保障体系不健全、集体资产管理混乱和农民拿不到足额补偿款、缺乏对失地农民就业培训等关键问题，侵犯了失地农民福利（王银凤，2006）。因此，必须考虑通过拓宽失地农民补偿安置资金、提高补偿标准、建立健全社会保障体系、建立培训和安置机制等相关政策和措施来保障和提高失地农民的利益（薛立刚和赵继，2005；冀名峰，2004）。

0.3.4 文献综合评述

经济学家常常把资源分配表述为加强资源的利用性和替代性，以取得最大效益（效用）的普遍方法，强调合理分配资源的过程是产生效用或满足的过程，即追求福利最大化的过程。因而，按传统经济学的观点，福利最大化与资源配置最优化是连在一起的，实现资源的最优配置是增进社会福利的基本途径。资源配置失调，尤其是土地等第一资源配置失调，对于国民宏观福利水平的影响是十分严重的（朱荣科和宏晶，1997）。有许多研究从土地资源配置角度证实了资源配置不合理带来的负面影响，如韩冰华（2005）认为中国农地资源配置不合理曾带来了经济效益的徘徊低迷、生态效益下降和一系列社会问题等，而这些正是国民福利减少的重要表现。

综上所述，如何进行资源的优化配置，以提高国民福利是福利经济学研究的主要目的之一。尽管国内外对农地城市流转或社会福利相关领域的研究已经相当成熟，但将两者结合在一起进行的系统研究委实凤毛麟角；对农地非农化效率的研究也很多，但将之与公平结合在一起的研究成果比较鲜见；对不同权利主体间利益分配的公平评价尚未得见。国内已有的研究成果大多集中在农地城市流转如何严重地影响到国家的粮食供应、影响农民的生活水平等，在措施上强调如何运用经济、行政、法律等手段调控农地城市流转并维护农民权益等。由于对农地城市流转的社会福利的正负效应缺乏一个全面、客观的分析与评价，无法得到判断农地城市流转公平与效率的标准以及如何达到农地城市流转社会福利最大化的目标，只能通过一些经验数据或直观现象来判断农地城市流转的速度是否过快、数量是否过多、失地农民的福利水平是否下降等，最终难以制定有效的政策措施来调控农地城市流转。国外的研究成果大多集中在农地保护方面，强调关注农地的经济、社会和生态价值。但国外的农地保护大多建立在土地私有制的条件下，农地保护往往得到农民、城市居民和政府的共同拥护，这与中国以土地公有制为背景、政府为主导的情况有很大差异。各权利方在农地保护和农地流转中的行为目标、利益驱动和价值取向有许多不同，因而国外许多研究成果和相关研究方法难以借鉴。

从这个意义上看，本研究通过评价农地城市流转对不同利益主体（尤其是弱势群体——集体经济组织和农民）福利水平的影响，分析中国农地城市流转公平与效率的现状，测度一段时期内农地城市流转前后社会福利的变化，以期为农地城市流转的配置调控目标、评判依据、实现机制及相应公共政策措施的制定和实施提供理论依据，具有一定的理论意义和实践价值。

0.4 研究目的和意义

0.4.1 研究目的

从资源配置的角度出发，可以发现，农地城市流转现象是土地在农地和城市用地两种用途之间竞争配置的结果，总体上具备以下五个特征：

1）刻不容缓性（urgency）：在中国经济建设初期，工业化、城市化进程加快，土地资源的有限性导致城市用地的扩张（城市用地扩张的欲望与需要是无限的）必然需要占用大量农地。

2）不确定性（uncertainty）：各城市建设需要用地与农业生产需要用地的轻重缓急程度在各个时期是各不相同的，在期望收益上也具有不确定性（Arnott and Lewis，1979；Hodge，1984），农地城市流转决策是多目标决策和不可逆决策，决策者必须权衡多方利益。

3）不可替代性（irreplaceability）：城市扩张所要占用的农地资源是有限的，同时农地是人类的"生存之源、衣食之本"，直接影响到国家粮食安全，具有不可替代的作用。

4）用途多样性（diversity of use）：每一种被流转的农地资源在大多数情况下都可以有两种或者两种以上的用途。例如，一定数量的农地在流转后既可以用来建造住房、学校和医院，也可以用于修建公路、体育场、公园等。

5）不可逆性（irreversibility）：农地一旦流转为城市用地，会破坏土壤的肥力和耕作层，再也难以恢复，因此，其农作用途是不可逆转的。

正因为这五个基本特征，土地流转不仅使土地的市场价值（期望消费者剩余和选择价值）和非市场价值（存在价值和馈赠价值）（Hanley and Spash，1993；FreemanIII，1993）同时丧失，而且会形成经济外溢、社会外溢和环境外溢（Coughlin，1980），造成可见影响和不可见影响（如粮食安全效益降低、生态环境退化、社会矛盾突出等）（Pond and Yeats，1993）。若将农地的总价值通盘考虑，农地城市流转的社会福利不一定大于原来农地农用的社会福利。因此，长期以来，人们认为农地城市流转的实质是：国家——作为土地管理者和所有权代表，凭借卖方垄断（discriminating monopolist）势力通过补偿的形式剥夺农民的剩余价值[①]，农地城市流转是在追求社会整体福利改进的同时却在一定程度上牺牲了农民这一社会局部的福利。

为此，农地城市流转必须以社会总福利最大化为目标确定其数量及速度。即农地城市流转过程中，失地农民的生活福利不应该是下降的，而应该是随着土地资源配置效率的提高而有所增加，并应该具有平等的机会分享农地资源城市化配置增加的社会福利，同时必须满足后代人生存与发展所必需的农地资源。

本研究旨在探讨农地城市流转的效率与公平，及其对社会总福利水平及各权利主体福利水平的影响，从而为农地城市化流转的配置调控目标、评判依据、实现机制和相应的公共政策措施的制定和实施提供理论依据，即研究如何进行集体选择以增进社会福利。

0.4.2 研究意义

当明确了研究目的之后，其意义是显而易见的。

首先，将农地流转与社会福利联系在一起进行研究本身就是一个全新的思路。国内尚未见到有学者从福利经济学的角度系统地、专题地研究农地城市流转的问题，仅有少数学者对农地城市流转或农地资源配置中某些涉及利益分配、公平与效率、福利补偿等问题进行了一些探索。

其次，尽管人们已认识到福利测度的重要性，然而当我们查阅有关文献时，发现在国内外学界很少有人研究农地城市流转的福利测度问题，因而研究成果也是凤毛麟角。正是因为如此，本书力图在这个问题上做些工作，并希望

---

① Raleigh Barlowe（1989）认为，征用权是最高统治者在没有所有者同意的情况下将财产用于公共目的的权利，是政府与生俱来的权利。在土地征用的同时，一个不可否认的事实是，不同国家普遍存在着土地征用权的滥用和泛化，即使在美国这样一个对私有财产严格保护的国家，土地征用权也存在着被滥用的现象。

为类似的宏观经济研究提供有益的借鉴。

最后，福利分配模型和社会福利函数的建立及其分析思路、农地城市流转效率及公平的评价方法为后续的实证研究打下基础。

0.5 研究思路与研究方法

0.5.1 研究的技术路线（图0-5）

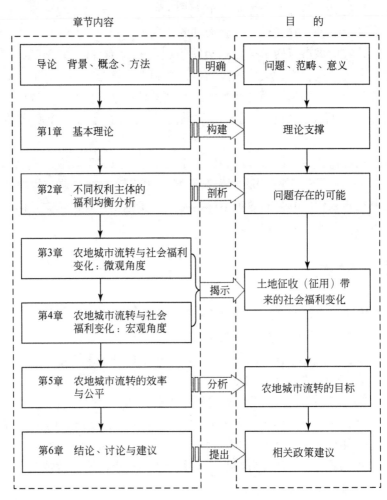

图 0-5 论文的技术路线

0.5.2　研究方法

本研究综合运用福利经济学、土地经济学、西方经济学、计量经济学、公共经济理论、公共政策理论的原理和方法，重点是研究中国农地城市流转对社会总福利、不同利益主体福利、公平与效率的影响，并提出相关的对策与建议，以期为农地城市流转的配置调控目标、评判依据、实现机制及相应公共政策措施的制定和实施提供理论依据。主要应采用的方法大体归类如下：

1）文献阅读整理分析方法：对国内外学者关于农地城市流转、社会福利函数、公平与效率、社会福利测度的相关研究成果进行了评述。

2）问卷抽样调查、部门咨询与相关资料收集的方法：本研究初步拟选定湖北省仙桃市、宜昌市、荆门市的城乡交错区为实证区域，农户劳动力转移、家庭收入变化和社会保障变化的问卷调查大多在这一区域内完成；而对于村集体级社会经济变化、环境质量变化的资料则需要通过集体相关部门（村委会、社区委员会）协助获得。

3）实证分析与规范分析相结合的方法：上述以湖北省仙桃市、宜昌市、荆门市城乡交错区为实证区域进行检验的部分，以及用计量经济模型对国家宏观数据进行检验的部分属于实证研究，即解决"为什么要这样做"的问题；而在此基础上提出对中国农地城市流转和政策改进的建议则属于规范分析的范畴。

4）定性分析和定量分析相结合的方法：定性分析方法常用于对事物的发生规律进行宏观地、概括地描述，是一种准确、深入地揭示事物运动规律必须借助的方法。本书在界定农地流转内涵和特征、分析农地城市流转对公平、效率与社会总福利的正、负影响时采用了定性描述方法；而在农地城市流转的社会福利测度及社会福利函数的建立方面则采用了定量分析方法。

5）宏观分析与微观分析相结合的方法：本书的研究对象是国民宏观福利水平，为此，我们选取了1994~2005年这12年的宏观统计数据并通过计量经济模型做实证研究；而在做实地调查研究时，只能选取一个或几个区域为对象进行检测，即对村集体和农户福利变化的调查分析属于微观层次。

第1章
理 论 基 础

1.1　福利经济学的基本观点

如今，人们已普遍认为：福利经济学是当今对世界影响最为广泛、对人类社会作用最为深远的创造性成就（尼古拉斯·巴尔和大卫·怀恩斯，2000）。黄有光（2005）在《社会福祉与经济政策》一书中指出："虽然福利不等同于价值，但所有的价值都必须由福利来解释。"

福利经济学对经济学中几个基本研究范畴进行了归纳。它们包括：社会福利与经济福利；平等与效率；社会福利函数；收入分配与经济平等；公共物品及其外部性以及经济全球化与经济可持续发展等。福利经济学以寻求"最大化的社会经济福利"作为目标，对市场经济运行进行规范分析和评价。福利经济学提出了帕累托最优标准、补偿原则、社会福利函数、市场失灵等一系列新理论以及有关福利国家的政策措施。

简而言之，福利经济学是从资源配置（效率）和国民收入（公平）这两个方面来研究市场经济国家实现最大的社会福利所需要具备的条件，以及为了增进社会福利所应当采取的政策措施。福利经济学是经济学的一个重要分支，它的基本问题是关于政策制定者如何设计并执行集体决策。追求社会福利最大化是每一个经济社会的主要目标（郑秋云，2005）。

20世纪20年代盛行于英国的古典福利经济学，主要代表人物是A. C. 庇古，他的《福利经济学》创立了福利经济学的科学体系。庇古主张从公平和效率两个方面来评价社会福利，通过国民收入增加和国民收入再分配两种方式来增加社会福利。国民收入增加要使得的普遍福利增加，关键取决于生产要素的合理配置。因而，古典福利经济学包含两个基本命题：一是国民收入越大，社会福利越大；二是国民收入分配越合理，社会福利越大。古典福利经济学的理论对福利经济国家的社会保障制度的发展产生了重要的影响。

另一诺贝尔经济学奖获得者阿玛蒂亚·森（Amartya Sen）对社会福利的

研究也作出了突出的贡献，他用严密的数学方式来研究阐述社会福利与社会选择问题。有不少学者（如刘元春，1999；刘祝环，2006）把森对于福利经济研究的贡献进行过评述。福利经济学的主要流派如表 1-1 所示。

表 1-1 福利经济学的主要流派

时 间	代表人物	派 别	核心内容	特 征
19 世纪 20 年代	耶利米·边沁（Jeremy Benthan，1748～1832 年，英国）、詹姆斯·穆勒（James Mill，1773～1836 年，英国）	功利主义或效用主义（utilitarianism）	人们道德行为的目的应该是个人自身福利的提高，社会行为的目的是追求最大多数人的最大福利	成为当时心理学、政治学和经济学中的一种主流的意识形态——以效用主义为主的伦理道德传统
19 世纪 70 年代	威廉姆·斯坦利·杰文斯（William Stanley Jevons，1835～1882 年，英国）、卡尔·门格尔（Carl Menger，1840～1921 年，奥地利）	边际主义（marginalism）	对边际效益等于边际代价的论证和说明，研究资源配置，将伦理丢到一边	西方经济学完全变成了工程学，即所有人都被假定为理性人，所有的西方经济学问题都成为在给定约束条件下的效用函数最大化，不考虑效用本身的性质、个人效用与其他人效用及整个社会的效用的关系
20 世纪 20 年代	庇古（Arthur Cecil Pigou，1877～1959 年，英国）	旧福利经济学（the conventional welfare economics）	国民收入水平越高，社会福利越大；国民收入分配越均匀，社会福利越大	①经济学是解决物质福利问题的；②使用物质福利来表示效用概念；③继承了英国效用主义伦理的传统，认为个人的效用是可以用基数来度量的，是可以进行人际间比较的，边际效益是递减的

时　间	代表人物	派别	核心内容	特　征
20世纪30年代	罗宾斯（Lionel C. Robbins，1898～1984年，英国）、希克斯（Hicks，1904～1989年，英国）、艾伦（Allen，1906～1983年，英国）	新福利经济学（the modern welfare economics）	经济学和伦理学的结合在逻辑上是不可能的，经济学不应该涉及伦理的或价值判断的问题；经济学中具有规范性质的结论都来自序数效用的使用，因此经济学应该避免使用基数效用	①经济学是解决稀缺性问题的；②使用偏好来表示效用概念，相对更具有主观性；③只使用序数效用，避免效用的人际比较；④普遍使用帕累托标准及有关的边际条件；⑤关于补偿检验的争论；⑥伯格森对社会福利函数的讨论
20世纪50、60年代	阿罗（K. J. Arrow，1921年～，美国）	新福利经济学（the modern welfare economics）	阿罗社会福利函数是不存在的——"阿罗的不可能性定理"（Arrow's impossibility theorem）	促进了"社会选择理论"的发展
20世纪70年代	阿玛蒂亚·森（Amartya Sen，1933年～，印度）	西方福利经济学（the western welfare economics）	①挑战阿罗不可能定理；②创建全新的福利与贫穷指数（index of welfare and poverty）；③对饥荒形成机制的实证研究	向效用主义和基数效用理论的回归——新古典效用主义的社会福利函数的提出

新旧福利经济学都提出如何通过政府的作用及其相应的政策措施纠正市场经济缺陷，来实现社会福利的最大化。其主要研究内容包括以下三个方面：如何实现资源的最优配置，以提高效率；如何实现国民收入分配的均等，以体现公平；如何进行集体选择，以增进社会福利。具体如表1-2所示。

由表1-2可以看出，要达到社会福利最大化，不能只讲求赚钱和经济效益，而且要讲求公平，讲求社会效益和环境效益。也就是说，要从公平和效率统一的角度出发，以全体社会成员福利最大化为目标来考虑经济效益、社会效益和环境效益。市场经济条件下的资源配置，如果缺少政府调控和公众参与，不仅会出现效率低下问题，也会出现分配不公、部分人福利降低和环境破坏等问题。那么则需要以社会福利最大化为指导原则，将市场机制、政府调控和社会选择有机地结合起来，兼顾公平和效率，达到资源的最优配置，最终达到全体社会成员福利增加的目的。

表 1-2　福利经济学的主要研究内容

福利经济学的主要研究内容	范 畴	手 段			目 标	最终目标
进行资源配置以提高效率	市场	衡量标准：帕累托最优　↓　资源配置最优 →	增加国民收入 →		提高效率	实现社会福利最大化
进行资源再分配以实现公平	政府	旧福利经济学：庇古税——外部性内部化　↓　税收和转移支付　↑　重构土地产权结构　↑　旧福利经济学：科斯定理——外部性内部化 →	资源和国民收入的再分配 →		体现公平 →	
进行集体选择增进社会福利	市场与政府	个人选择	社会选择		消除失灵	

1.2　效率与公平理论

1.2.1　经济效率理论

效率（efficiency）是指最有效地使用社会资源以满足人类的愿望和需要，是人类社会经济活动投入与产出的比率。效率也常被称为配置效率（allocative efficiency），即给定投入和技术的条件下，对经济资源做了能带来最大可能性的满足程度的利用。经济效率（economic efficiency）是用时间来衡量的经济活动的效果。它用单位时间内所完成的某种经济工作的数量和质量来表示。单位时间完成的经济任务越多，经济效率就越高。反之，经济效率就越低。经济效率是评价政策有效性的重要标准。经济学家经常将资源的最大效率配置称为"帕累托最优（Pareto optimality）"或"帕累托效率（Pareto efficiency）"，并将其作为检验经济总体运行效率和社会福利大小的一种准则。

帕累托最优（帕累托效率）是 20 世纪初意大利经济学家维弗雷多·帕累托（Vilfredo Pareto，1848～1923 年）提出的一种资源分配状态，即在不使任何人境况变坏的情况下，不可能再使某些人的处境变好。一方面，帕累托最优是指没有进行帕累托改进（Pareto improvement）余地的状态；另一方面，帕累托改进是达到帕累托最优的路径和方法。帕累托最优是公平与效率的"理想王国"。在某种意义上说，帕累托效率是一种效率如此之高的状态，以至于不可能对资源和商品进行再分配来使效率提高。

一般来说，达到帕累托最优时，必须同时满足以下三个条件：

1）交换最优性：对任意两个消费者来说，任意两种商品的边际替代率是相同的，且两个消费者的效用同时得到最大化，此时商品在消费者之间达到最优分配，即

$$\left(\frac{U_\mathrm{X}}{U_\mathrm{Y}}\right)^\mathrm{A} = \left(\frac{U_\mathrm{X}}{U_\mathrm{Y}}\right)^\mathrm{B} = \frac{P_\mathrm{X}}{P_\mathrm{Y}} \text{ 或 } MRS_\mathrm{XY}^\mathrm{A} = MRS_\mathrm{XY}^\mathrm{B}$$

2）生产最优性：对任意两个生产不同产品的生产者来说，需要投入的两种生产要素的边际技术替代率是相同的，且两个消费者的产量同时得到最大化，此时生产要素在生产者之间达到最优分配，即

$$\left(\frac{MP_\mathrm{L}}{MP_\mathrm{K}}\right)^\mathrm{X} = \left(\frac{MP_\mathrm{L}}{MP_\mathrm{K}}\right)^\mathrm{Y} = \frac{P_\mathrm{L}}{P_\mathrm{K}} \text{ 或 } MRT_\mathrm{LK}^\mathrm{C} = MRT_\mathrm{LK}^\mathrm{D}$$

3）高级最优性：1）、2）两条件同时达到，即经济体产出产品的组合必须反映消费者的偏好。此时任意两种商品之间的边际替代率必须与任何生产者

在这两种商品之间的边际产品转换率相同，即

$$\frac{U_{\mathrm{X}}}{U_{\mathrm{Y}}} = \frac{MP_{\mathrm{K}}^{\mathrm{Y}}}{MP_{\mathrm{K}}^{\mathrm{X}}} = \frac{MP_{\mathrm{L}}^{\mathrm{Y}}}{MP_{\mathrm{L}}^{\mathrm{X}}} \text{ 或 } MRS_{\mathrm{XY}} = MRT_{\mathrm{XY}}$$

式中，X 和 Y 为任意两种商品；A 和 B 为任意两个消费者；L 和 K 为任意两种生产要素；C 和 D 为任意两个生产者；MRS 为任意两种商品在任意两个消费者之间的边际替代率（在效用不变的前提下）；MRT 为任意两种商品之间的边际替换率（在生产要素禀赋一定的前提下）。

帕累托最优的概念在福利经济学中占有重要地位。许多定理和最优条件都是参照帕累托最优性提出来的。从社会福利的角度出发，用帕累托效率来评价总体经济运行有其合理性，因为如果资源配置未达到帕累托最优，那么，通过一种恰当的分配或补偿措施，总能使一些人改善境况而不使其他人受损，也就是说，肯定能增加社会福利总量。反之，如果资源配置是低效率的，那么通过改变资源的配置方法，至少一部分人可提高福利水平，而没有任何人境况恶化。

根据交换最优性条件，当物品的组合给定时，这些物品在人们之间的配置会满足帕累托最优性的要求，即每个人的效应在其他人的效用给定时达到极大。如图 1-1 所示，A、B 两个消费者的效用 U_{A}、U_{B} 取决于他们各自消费多少商品，图中 UPC 曲线表示总量有限的商品全部分配于 A 和 B 之间两人可达到的效用水平的各种可能组合。

根据生产最优性条件，当生产要素禀赋给定时，每种物品的生产在其他所有物品的产量给定时达到最大。图 1-2 描绘了这种生产可能性曲线 TPS。这条曲线的绝对斜率表示 X 和 Y 两种物品的 MRT。

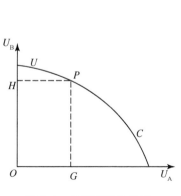

图 1-1　效用可能性曲线

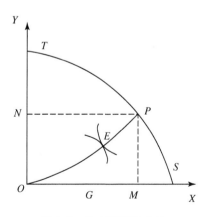

图 1-2　生产可能性曲线

曲线上的每一点（如 P）代表两种物品的一个给定组合（OM 的 X 和 ON 的 Y）。从点 P 我们可以形成一个长方形盒子 $OMPN$（埃奇沃斯图），并得到契约曲线 OP，沿着 OP 通过取不同的效用水平，可以得到一条如图 1-1 的效用可能性曲线 UPC，但上仅有一点（如 E）的选择使得无差异曲线的斜率（绝对值 = MRS）等于 TPS 在 P 点的斜率（绝对值 = MRT），对于每种不同的商品组合，我们有不同的 UPC，如果我们画出所有这些曲线的外包线 FF'，则 FF' 为效用可能性边界（图 1-3）。另外，根据高级最优性条件，对于生产可能性曲线上的每一点都能找到相对应的点满足这一条件，把所有这些点连接起来，也可以得到效用可能性边界 FF'。W_1、W_2 是等福利曲线，当其与为效用可能性边界曲线 FF' 相切时（如点 Q），社会福利达到最大。

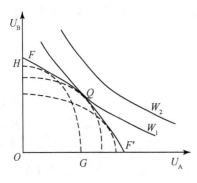

图 1-3　效用可能性边际曲线

由于农地资源的有限和稀缺性，而社会经济发展对其的占有又存在无限性，由此引发了农地资源非农化配置的效率问题。农地城市流转为国民经济的快速发展提供了土地保障，对经济增长起到了重要的作用。从长远看，它能促进农村劳动力的转移，提高农民收入，改变农村落后面貌。要达到农地资源配置的帕累托最优状态，就要求消费者对农地资源的产出品（分农业产品和非农业产品）的边际替代率达到相等；在农业和非农业产品的生产、交换和消费的各个领域都能形成完全竞争的市场体系，这样农地资源在两个产业部门的生产中与劳动力、资金的组合达到最优，即劳动力和资本在两个部门的边际技术替代率达到相等；生产者对农业和非农产品的生产转换率正好与消费者对两类产品的边际替代率相等，为两类产品价格之比。

1.2.2　公平理论

公平（equality，equity，fairness，justice）是指某种政治的、社会的、经济的、伦理的情态，即按照某种社会所确认的标准（政策、法律、原则等）同等地待人处事的态度和方式，它表明了一种不偏不倚的原则，它要求给予一定范围内社会成员以相等的条件和机会，如公平竞争、对资源及生产资料占有或使用的平等性等，以使每个社会成员能够在特定的条件下平等地参与各种社会活动。《管子·形势》："天公平而无私，故美恶莫不覆；地公平而无私，故大小莫不载。"《战国策·秦一》:"商君治秦,法令至行,公平无私。"经济学中的公平是指经济成果在社会成员中的公平分配,即要求社会成员之间的收入差距不能过分悬殊,要求保证社会成员的基本生活需要。

公平可以分为机会公平和结果公平。机会公平是注重竞争规则的无差别性的公平,即所有的人都遵循同样的规则。规则面前人人平等,得其应得,按人的能力和贡献分配。机会公平所奉行的是激励原则,它充分尊重主体的选择,最大限度地激发主体的活力。市场经济就是通过机会公平来提高资源配置的效率,这是由资源稀缺性和人的需求不断增长的矛盾决定的。只有充分发挥市场配置资源的基础性作用,才能提高资源配置的效率,促进社会财富的不断增长。

与机会公平不同,结果公平是注重人的差异性的公平,即充分考虑人的个体差异,特别是人的先天禀赋和社会背景的差异,对不同的人实行不同的规则。人与人之间是有差别的,人们的先天禀赋和社会背景是不同的,这是无法选择的。由于人的起点不同,即使是平等竞争,仍然会导致结果的差别:能力强者会获得更多的资源,而能力弱者会获得较少的资源,甚至丧失掉已有的资源。因此,对于由于先天禀赋和社会背景不同所导致的差异,我们必须贯彻补偿原则,"最大限度地增加处于最不利状况的人的期望"(罗尔斯,1988)。通过社会再分配的方式,对于弱者给予补偿,实现结果公平。在农地城市流转中,失地农民处于弱势地位,政府必须从土地重新配置的收益分配中转移一部分给农民和集体作为征地补偿和社会保障,才能体现结果公平、确保弱者的基本权利。我们之所以强调结果公平,是由人类社会的整体性所决定的。无论强者还是弱者,每个人都应享有基本的权利,即生存和发展的权利。不可否认,强者获得更多的财富固然与他们个人的努力相关,但财富的获得离不开社会,即使是强者的资源禀赋也与社会息息相关。所以,对收入的重新分配不仅是必要的,而且是合理的。更重要的是,通过结果公平,使更多的人提高主体选择能力,甚至提升人的先天禀赋的能力,充分发挥每个人的能动性,从而推进整个社会福利的提高。

关于资源分配的公平理论,基于价值判断不同的原因,大体可以分为以追求社会总福利最大的功利主义;以关注社会最低层群体社会福利为主的罗尔斯主义;以追求分配结果平等的平均主义;及以追求代内、代际公平的可持续发展的公平原则等。

美国经济学家平狄克(Robert S. Pindyck)总结了西方经济学界关于公平的四种观点,如表1-3所示。

表 1-3　西方经济学关于公平的四种观点

观　点	核心内涵	类　别
平均主义	社会所有成员得到同等数量的商品	结果公平
罗尔斯主义	使境况最糟的人的效用最大化	结果公平
功利主义	使社会所有成员的总效用最大化	结果公平
市场主导	市场结果是最公平的	机会公平

资料来源：罗伯特·S. 平狄克和丹尼尔·L. 鲁宾费尔德，2006.

　　这四种观点基本上概括了对于公平从最平均主义到最不平均主义的代表性的理解。平均主义的公平观明确要求全社会所有成员绝对平均地享受物质分配；罗尔斯主义的公平观本质上也是绝对平均的，但他把平均从物质分配扩展到包括个人满足感的效用概念上；功利主义的公平观倾向于使所有的人都得到效用的满足，但不同阶层的人其满足水平是不同的，所以功利主义的公平观实质上是看重效率的；市场主导的观点反对人为的干预，但正如人们所经历的，纯粹市场的结果会导致商品和服务配置的极大的不平均。

　　在农地城市流转中，各参与主体各有不同的价值观和公平观，而且他们各自按照自己的观点来影响农地城市流转的速率和配置结构，以实现本利益集团的公平观。由于农民在中国政治经济决策中的地位和影响力很小，代表他们意见和观点的声音常常得不到重视。因此在农地城市流转过程中，农民的利益也常常被忽视或侵犯，公平问题也表现得越来越突出。这也是近年来土地征用中出现各种冲突的重要原因之一。根据中国目前的国情，农地非农化配置中的公平还不能由各个参与主体按照各自的价值观和公平观在农地流转决策中的相互博弈而实现，还必须通过土地政策和其他公共经济政策的调整来逐步达到农地城市流转中的机会公平和结果公平。

　　本研究中提出的"农地城市流转的低效率"是指对土地的过度占用和低效率使用，"农地城市流转的不公平"是指征地过程参与权的不公平和土地增值收益分配的不公平。

1.2.3　公平与效率的辩证关系——此消彼长、相互依赖、互为前提

　　我们都知道，公平与效率是一对矛盾，单纯追求帕累托效率可能导致不可接受的收入分配不平等的局面，在此情况下，社会就愿意以牺牲一部分效率为代价，比如通过具有超额负担的税收，来提高收入分配的平等程度。一个有效率的资源配置要求不存在另外一种能够使某些人受益，同时又无人受损的配置方案（即达到了帕累托最优状态）。相较而言，公平是比较难以界定的，经济

学用一个比较容易测量的指标——平等作为公平的近似指标，即一个平等的配置是指处境相同的相似个人（即效用函数相同）总效用应该相同，如个人认为在城市和农村居住是无差异的（两者总效用相等）。公平与效率是否统一是评价福利水平的两个条件，一项政策可能提高了效率，但同时也增加了个人间的不平等，而另一项政策可能增加了个人间的平等，但会降低效率。效率与公平的关系问题也是各个国家各种社会矛盾的集中体现，美国当代西方政治哲学家诺齐克（Robert Nozick，1938～2002年）与罗尔斯（John Rawls，1921～2002年）的学术之争，就是围绕着效率与公平及其关系问题展开的。

但我们可以肯定的是，在社会公平和效率之间存在着非常密切的转换关系。在相当程度上，公平程度的增加会减少对人们劳动动机的激励，并导致效率的降低；而削减保障、增强对劳动动机的激励虽然提高了效率，却必然产生新的不平等。经济学者将公平与效率之间的这种联系称为公平－效率转换，如图 1-4 所示。

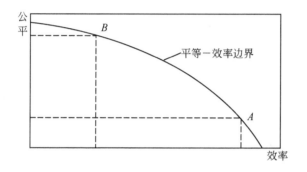

图 1-4　效率与公平的替换关系

注：A 点代表的状态是动机、效率和产出都很高，但社会公平程度低；B 点代表的状态恰恰相反

以上对效率和公平的关系分析表明，尽管效率和公平是两个不同的价值目标，但二者是密切联系在一起的。效率是公平的基础，如果没有效率的提高，就只能是贫穷，而在贫穷的条件下，不可能有公平的进步[①]。因此，要实现公平的不断发展，唯一的正确途径就是提高效率；而效率的提高又必须依赖于公平。没有机会的公平，就不会有平等竞争，也不可能产生高效率。所以，效率的提高取决于机会的公平，当然也取决于结果的公平。机会公平是通过激励的方式促进效率，结果公平则是通过补偿的方式促进效率。这就是效率与公平的互动关系。

① Stevens（1993）认为效率与公平的关系可形象地描述为：效率的目的是做大社会福利这块蛋糕，公平的目的是分割好这块蛋糕。

1.3 外部效应理论

从前面的分析我们知道：要达到完全竞争市场经济的均衡状态（即帕累托最优状态），其中的一个条件就是不考虑外部效应。其实，外部效应是到处存在的，它的重要性和重要形式近来已经成为公众议论的焦点。

外部效应是指一个当事者 K（影响者）的经济行为对另一个人 J（被影响者）产生了一定的影响，而且这种影响具备一定的（正的或负的）福利意义。（被）影响者可以是个人、集体，也可以是由个人或集体操纵的实体。外部效应的产生有两个必要条件：一是外部效应仅涉及那些不用支付的效益和损失，即市场上的交易关系不属于外部效应。二是外部效应应该是伴随的效应而不是原本的效应或故意制造的效应（Mishan，1960）。外部效应在许多研究中也被称为"溢出效果（spillover effect）"。

外部效应可用公式表示为：

$$U^J = U^J(x_1^J, x_2^J, \cdots x_G^J, x_1^K)$$

式中，U^J 为个人 J 的效用；x_G^J 为 J 的第 g 个活动的水平。在这种情况下 K 的第一个活动对 J 产生了外部效应。其中，能提高受影响者福利水平的外部效应被称为外部经济性；损害受影响者福利水平的外部效应称为外部不经济性。

外部效应存在时的生产效率条件可以用公式表示为

$$\frac{SMP_L^X}{SMP_K^X} = \frac{SMP_L^Y}{SMP_K^Y} \tag{1-1}$$

因为社会边际产出 = 劳动的私人边际产出 + 劳动的外部边际产出，即

$$SMP_L = PMP_L + EMP_L \tag{1-2}$$

将式（1-1）带入到式（1-2），得到

$$\frac{PMP_L^X + EMP_L^X}{PMP_K^X + EMP_K^X} = \frac{PMP_L^Y + EMP_L^Y}{PMP_K^Y + EMP_K^Y}$$

或

$$\frac{SMP_L^X}{SMP_K^X} \neq \frac{PMP_L^X}{PMP_K^X} \tag{1-3}$$

由式（1-3）可以看出，当外部效应存在时，私人边际产出率之比与社会边际产出率之比是不相等的，也就是说资源配置效率的条件不成立。但私人边际效益大于社会边际效益时，即产生了外部不经济性，将会导致资源浪费，造成社会福利损失。如图 1-5 所示。

图 1-5 表示外部不经济性造成的福利损失，MPC 表示私人边际成本，MSC

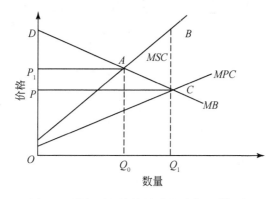

图 1-5 外部不经济性导致的社会福利损失

表示社会边际成本，MB 代表边际收益。在竞争市场中私人利润最大化导致了 Q_1 的产出水平，在这个产量水平下私人边际成本 MPC 等于私人边际收益 MB。该产品的竞争市场价格是 P，该价格不包含农地的生态环境价值和社会价值等外部影响。而社会有效产量水平是 Q_0，它等于产品的边际收益 MB 及其社会边际成本 MSC。由于包含了外部影响，其商品价格为 P_1，大于 P，即社会成本大于私人成本，差额就是外部成本。如果外部不经济性得不到有效纠正，就会导致资源的配置无效，造成社会福利损失量为图中的 ABC，此时农地的过度流转量为 $Q_1 - Q_0$。

通过一些经济政策可使外部效应内部化，其中最著名的是两种不同观点，一种是市场手段，即科斯定理（Coase theorem）；另一种是政府干预手段，即庇古税（Pigouivaintax）。英国经济学家科斯（Ronald H. Coase）认为，只要产权明确，市场存在，交易成本为零，初始权益的归属是不重要的，通过市场就可以实现资源的合理配置。科斯定理的核心是：经济分析的首要任务是界定产权，即一种制度安排，明确规定当事人可以做什么，然后通过权利的交易达到社会总产品的最大化。英国经济学家庇古认为：导致市场配置资源失效的原因是经济当事人的私人成本与社会成本不相一致，从而私人的最优导致社会的非最优。因此，纠正外部性的方案是政府通过征税或者补贴来矫正经济当事人的私人成本。只要政府采取措施使得私人成本和私人利益与相应的社会成本和社会利益相等，则资源配置就可以达到帕累托最优状态。显然，科斯定理的言外之意是，即使外部性导致了市场失灵，也不需要政府出面干预；而庇古的观点是加强政府干预力量。

根据科斯定理，只要界定了产权就能消除资源配置的外部效应，但就农地流转问题而言，仅试图通过产权的明晰来解决农地城市流转的外部效应是不够的。一方面，由于中国土地市场体系还不够完善，如果让土地所有者（集体或农民）直接入市，将农地"出让"给集体组织之外的非农建设用地者，必然会面临巨大的交易费用和障碍；另一方面，中国现行的土地使用制度限制集体土地直接入市，集体土地直接进入市场流转被视为一种非法途径。所以，还需要政府的干预。根据庇古税理论，对产生正的外部性行为的一方应给予相当于个人成本与社会成本差额的补偿，以体现公平，从而提高整个社会的福利水平。

假设 K 对 J 存在着单向的外部效应，即 K 的活动 x_1^k 给 J 带来的边际价值是一个负值，则衡量 K 和 J 的边际价值的纵坐标方向相反。图 1-6 中的边际价值曲线 MV_K 与横轴相交于 P 点。在这一点上，K 活动的净边际价值为零，但此时他带来了大小为 PC 的损失，从社会福利的角度来看，P 这一点不是最优的。庇古税的解决方法是：对 K 的活动征税（如果 K 对 J 存在外部经济时给予补贴），边际税率应该等于的 J 负边际价值。征税后，K 的边际价值曲线将从 MV_K 变成 MV_K'。征税的目的在于使 K 降低他的活动水平来达到社会最优点，在这一点上，K 和 J 的 MV 曲线正好相交。

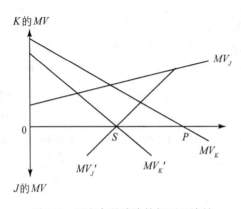

图 1-6　用庇古税消除外部不经济性

因此，当产生外部效应时，市场供给和需求将偏离社会最优状态，市场也无法传递正常的价格信号，资源配置就不可能达到完全竞争状态下的帕累托最优状态。此时，就需要政府进行公共政策干预，对正的外部性进行补贴，对负的外部性进行征税等，以促使资源配置达到社会最优点。

1.4　集体选择理论

完全由市场这只"看不见的手"进行支配的个体理性选择，会导致市场失灵，而"公共选择理论"将政府纳入"经济人"模式，强调通过管制手段实现提供公共产品，同样不一定有效。为此，西方学者直接指出"公共产品"需要通过集体行动和集体选择来提供。美国经济学家肯尼斯·阿罗的"不可能定理"，道出了和谐选择的现实困难性，图克 1950 年提出的"囚徒困境"就是个人理性选择到和谐选择之间的鸿沟。然而越来越多的经济学模型和现实案例都揭示，通过恰当的方式，"存在利益上的冲突并不排除获得一致性"，罗伯特·奥曼和马斯谢林的"合作博弈论"再次证明了和谐选择的"博弈均衡点"的确存在，这使得"集体选择理论"更加功德圆满。因此，集体选择理论是对亚当·斯密自由市场经济的"个体理性选择"和第二次世界大战以后詹姆斯·布坎南"公共选择理论"的修正。迄今为止，已有保罗·萨谬尔森、肯尼思、詹姆斯·布坎南因为与这个领域相关的研究成就而获得过诺贝尔经济学奖。

集体选择是研究分散个体的价值和集体选择之间的联系，其基本问题是如何将一个集体内分散成员对某类事物的偏好汇集成集体的偏好，以及该集体对各种优劣排序的择优。具体来说，集体选择是研究如何通过集体行动和政治过程来进行最优配置的。集体选择主体、选择的方式与标准是该理论的重要内容。

在福利经济学中，从公平分配的角度看，社会福利问题即为一典型的集体选择问题。鉴于其中所讨论的集体一般多指整个社会而言，因而在福利经济学中集体选择也称社会选择，有时也称公共选择。该理论的核心价值在于试图接近"公共产品"提供的"自发秩序"与"管制方式"的制衡，近几年，集体选择理论日益成为政府制定推行公共政策、提供公共产品的重要思路。

1.5 借鉴与指导

1）福利经济学的基本观点——提高效率、体现公平和从个人选择到社会选择的思想始终贯穿全书，指导本书的构思。经济发展不能只追求经济效益，而是要兼顾社会效益和环境效益。也就是说，要从公平和效率统一的角度出发来考虑各项社会经济活动的价值。同时，政府调控和公众参与也必不可少，否则会出现分配不公、部分人福利降低和环境破坏等问题。因此，要达到资源的最优配置、增加全体社会成员福利的目的，必须将市场机制、政府调控和社会选择有机地结合起来。本书的整个写作都是围绕这一核心思想展开的。

2）从经济效率理论和公平理论入手，分析中国农地城市流转的效率和公平现状，并剖析造成中国土地利用效率低下和社会不公的原因所在。福利经济学是以公平与效率理论为基础来阐述如何实行资源配置中公平与效率统一和实现社会福利最大化的。为此，本书通过建立农地城市流转效率和公平的评价方法，分析中国农地城市流转中是否存在着低效率使用土地和土地收益分配不公平等现象，并进一步剖析造成中国土地利用效率低下和社会不公的深层次原因，探寻实现效率与公平的统一路径。

3）通过运用外部性理论，可分析土地征收过程中的外部性问题和市场失灵问题，并进一步研究通过明晰产权、提高补偿或税收等手段来达到土地资源的有效配置。土地作为一种特殊的资源，其在非农化配置中具有明显的外部效应（孙海兵和张安录，2004）。在中国现行土地征收制度中，由于政府的过度干预，市场机制难以有效发挥作用。长期以来，由于传统经济学对土地价值的认识仅仅停留在易量化的经济价值上，而对土地所拥有的粮食安全效益、生态环境效益、社会安全保障等非市场价值往往忽视。因此，在农地城市流转中，土地供给方和需求方在决策时只考虑经济上的价值。但对社会来讲，这意味着土地在用途改变过程中造成了大量的社会福利的损失。外部性理论指导本书剖析由市场失灵导致社会福利损失的原因，并进一步分析通过明晰产权、提高补偿或税收等手段来达到土地资源的有效配置。

4）通过运用集体选择理论，可探寻如何从农地城市流转中各权利主体的不同选择到集体选择，从而分析实现目标的有效路径。在农地城市流转过程中，作为独立的理性"经济人"，各权利主体的"个人选择"之间偏差甚大，难以统一，单纯依靠市场导向和政府管制导向，可能导致两者双双失效，最终会导致社会福利的损失。为此，必须由集体选择来从社会发展的宏观角度统一各权利主体的效用偏好，实现一个较为和谐的"一致性选择"，并依此制定出城市化流转的配置调控目标、实现机制及相应公共政策，为合理分配和可持续利用土地资源这种公共产品提供政策指导和理论依据。

第2章
农地城市流转中不同权利
主体的福利均衡分析

2.1 农地城市流转中不同权利主体的福利变化分析

一般来说，农地城市流转过程中涉及的权利主体包括中央政府、各级地方政府、集体经济组织、土地开发商和农民（杨文杰，2005）[①]。1963 年，斯坦福研究所又把权利主体（stakeholders）定义为利益相关方或涉益者，权利主体可以是个人、群体或组织，经济行为对他们的影响可能是主动的也可能是被动的、可能是直接的也可能是间接的。

农地城市流转的过程同样也是各权利主体福利变化的过程，表 2-1 所表现的是不同权利主体在农地城市流转中的行为特征。

表 2-1 农地城市流转决策参与主体行为分析

参与主体	中央政府	地方政府	土地使用者（开发商）	村集体	农 民
目标	社会公共福利的最大化（土地社会边际效益最大化）	区域经济发展	市地边际生产效益最大化	农地边际舒适效益和农地边际生产效益最大化	农地边际生产效益最大化
动机	提高国家综合实力	提升地区竞争力	利润最大化	效用最大化	效用最大化
行为	制定政策、法规	代理中央政府执行政策，管理与协调	市场经济行为	政策响应	政策被动接受，上访

[①]　另有一些学者认为，单从征地流程来看，涉及的利益分配主体有农民、集体经济组织、地方政府和中央政府，但不包括开发商，是因为开发商的利益主要是通过在土地开发、建设并销售的环节中实现的。考虑到地方政府和部分开发商的"利益勾结"，本章研究中的权利主体包含了土地开发商，但在第5章的研究中没有包含。

参与主体	中央政府	地方政府	土地使用者 （开发商）	村集体	农　民
效益	经济、社会、生态效益	经济、社会效益	经济效益	经济、社会、生态效益	经济效益*

*本研究在湖北省仙桃市、宜昌市、荆门市等地调研（见本书第3章），与乡党委书记、村主任等访谈时，多次听到：农民作为个体的理性经济人，由于受到的文化教育、农村公共服务的完善程度等方面的限制，他们的"目光是短浅的"。当他们做经济决策时，考虑的仅仅是自身的既得利益，"很难从长远的、全局的角度考虑问题，也很少有热情去参与村级政治"。

中央政府作为社会公共利益的维护者，其决策目标是社会福利的最大化，"一要吃饭、二要建设"体现了中央政府对土地资源合理配置的基本目标。因此，中央政府在进行流转决策时必须兼顾到社会的经济效益、社会效益和生态效益，即那些在市场中无法体现的外部要素，如国家粮食安全、生态环境、社会保障、社会公平等成为了影响其理性决策的重要因素。

相比之下，地方政府往往看重于局部利益和短期经济效益，地方经济增长、增加税收和地方财政收入、提高政绩是地方政府的行为目标。为追求当地经济净收益的最大化，"招商引资"、"买地—卖地"、低价出让土地、甚至默许一些项目"先上车后买票"等现象确实存在，通过这些途径得到的土地有偿使用费，构成了诱人的地方"第二财政"，为此，地方政府会极力主张征地。在信息不完全、不对称的条件下，地方政府有可能会违背中央意图、滥用职权，甚至影响中央政府对其的裁决。有实证研究表明：农地城市流转后获得的收益在地方财政收入中所占比例越大的地区，政府推动农地流转的积极性越高。由城市扩张带来的房地产业和建筑业发展成为地方财政预算内的支柱，而数额巨大的土地出让金成为地方政府财政预算外收入的最主要来源。因此，在农地城市流转的过程中，政府始终处于优势地位，并以"参与者"（经济人）和"管理者"（行政人）的双重身份进行交易。当交易涉及政府与其他市场主体的经济关系时，政府必然会倾向利用制定政策和管理市场的权力来获得"非生产性"[①]利益（沈飞等，2004）。国内有许多学者对政府的土地收益进行了大致估算。据陈锡文（2002）估计，改革开放20年间，地方政府通过对农地的征收，从农民那里集中的资金超过2万亿元。钱忠好（2002）认为，实行土地有偿使用制度以来，地方政府收取的土地出让金达到了2400亿元，其

---

① 从社会收益的角度看，经济人追求自身利益的行为大致可以分为两大类：一类是生产性的增进社会福利的行为，另一类是非生产性的有损社会福利的行为，非但不能增加社会福利，反而耗费了社会的经济资源。从这个角度来看，政府的这种寻租行为属于第二类行为。

中大部分作为地方预算外资金。吴次芳和谭永忠（2002）认为，一些地方的土地出让金达到了地方财政收入的80%以上，而且即便是较低的土地补偿金，农民真正能拿到手的也不多。据金木（1997）的调查，目前土地征收补偿费用中，市县政府拿去70%以上，承担劳动力安置的单位和村集体得到20%，而农民个人所得仅占5%左右。

利润最大化是每个企业追求的目标，土地开发企业也不例外。从土地二级市场上获得土地后，经过一段时期的投入、建设、开发，产品附加值的价格往往比获取土地价格要高出许多倍。研究证明房地产开发商获取暴利是导致房价严重偏离人们实际购买力的根源之一（王长德，2006）。某些地方，政府官员甚至和开发商结成了"利益共同体"，官员把土地低价批给房地产商，往往要收取开发商数额可观的"红包"，双方彼此"互惠互利"，却造成了社会福利的巨大损失。

随着农地流转，集体经济组织也面临着双向的挑战：一方面，随着城市化的推进，村区位的道路、交通、通信等基础设施得到明显改善，投资环境随之大大改善，对外招商引资更具有竞争优势，对外招商的成功率和土地（厂房）的租赁价格也同时提高，这对村集体经济而言是一个非常有利的影响；另一方面，集体的土地资源禀赋发生变化，其经济发展所依赖的土地资源日趋缩小，集体的农业生产活动和农业收入受到影响。同时，当地的生态环境也受到了一定程度的破坏，因为农地资源不仅能够提供农业生产所必需的土地要素，还具有涵养水源、净化空气、调节气候、防止水土流失、蕴含矿产、保持生物多样性、娱乐和休闲等一系列生态服务功能（Costanza et al., 1997）。当农村土地全部转为国有，村集体经济组织将不能以土地所有者的身份出租厂房或土地时，村集体经济组织也就不复存在（曲福田等，2005）。

作为土地征收的被动接受者，农民受到的福利变化冲击更大。首先，农地流转意味着农民丧失了土地经营承包权，失去了赖以生存的可持续性的农业收入。土地征用后收入降低的农户，大多数是传统农业地区的纯农业户，失去土地以后如果无就业门路，加之观念落后、就业意识差，其收入会呈下滑趋势，经济福利也可能在一段较长时期内降低。虽然他们在征地后得到了一定的赔偿，但是由于目前土地征用赔偿偏低，远不能解决进城后的生活来源问题。[①] 其次，失去世代依附的土地后，对于年龄偏大、身体状况较差、自身素质不高

---

① 刘海云（2006）在其博士学位论文《城市化进程中的失地农民问题研究》中，将因土地征用而被动失地的农民划分为三种类型：发展型失地农民、稳定型失地农民和贫困型失地农民。对发展型失地农民而言，失去土地更多意味着机会的来临，对失地后生活水平下降的贫困型失地农民而言，失去土地更多地意味着风险和挑战。

的农民来说，就业就成为了一大难题，考虑未来经济收益的困难和不确定性，农民的恐慌感甚为强烈，这将导致社会安定问题。最后，对农民、农村集体乃至整个社会而言，土地的社会保障功能在农村社会保障体制还不健全的情况下扮演着非常重要的角色。近年来，尽管在一些经济发达地区和大中城市为农民建立了社会保障，但农民仍无法享受与城市居民同等的社会保障。

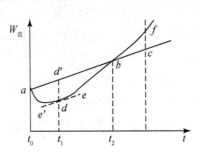

图 2-1　农地城市流转的农民福利变化

农民福利水平在农地城市流转中变化可以用图 2-1 表示。图中，横轴表示时间（t_0 表示农地征用年份），纵轴表示农民福利水平（a 表示征用年的福利水平）。曲线 abc 是假定不流转情况下农民的生活福利水平曲线（假设福利水平线性递增），曲线 $adbf$ 是流转情况下农民的生活福利水平的实际变化曲线。注意比较两条曲线横轴坐标值相同的两点。$adbf$ 曲线上的点若在曲线 abc 对应点的下方，则意味农民在失地后的福利水平还达到不流转而应该有的福利水平，adb 区间的任何一点都反映出这种情形。adb 区间又可划分为 ad 和 db 两个部分（d 为曲线 $adbf$ 与 ee' 相切的点，ee' 与 abc 斜率相等），在 ad 阶段，农民失地前后福利水平差距逐步加大（dd' 为两者差别的最大值），在 db 阶段，农民失地前后福利水平差距逐步减小。$adbf$ 如与 abc 重叠或在上方，则表明他们的实际福利水平已经达到或超过了不流转而应有的生活水平，bf 区间的任意点都反映出此种情形。我们的目标是：通过公平合理的补偿（just compensation）、健全的就业、再教育及社会保障机制使 adb 区间尽可能小，dd' 距离尽可能短，或者说使 t_0t_2 时间段尽可能短，甚至为零。

2.2　农地城市流转的福利分配模型

在农地城市流转的过程中产生的土地增值收益是指土地征收前后农用地与建设用地价格之差再扣除必要的土地开发成本后的剩余。土地增值收益包括三个部分内容：农民和集体经济组织获得的补偿款、政府的各项规费和税收及其土地出让纯收益。中央、地方政府、集体经济组织及农民实际分配的土地收益也直接反映了其福利变化的程度。土地收益分配的合理与否决定了土地资源配置的代内公平性，也通过信息反馈机制影响资源配置中市场机制的发挥和资源配置的效率。然而，从现有的土地收益分配实际看，中央和省级政府在土地收益分配中所占比例较少，市级政府收益比例过大，农民的补偿与他们的农业经营收入与家庭生活支出相比普遍偏低。这种分配状况既没有达到收益分配的公平性，也影响了资源配置效率的提高。

因此，农地征用过程中收益分配的不均衡是导致土地资源配置低下和影响代内、代际公平性的原因所在。在此过程中，如果不能有效协调各利益主体的关系，必将导致大量的纠纷和矛盾，影响社会稳定。为更好地分析农地城市流转中各权利主体的收益分配比例及结构调整问题，我们将建立一个福利分配模型。

2.2.1 模型的假设与建立

假设一：由于建设用地存在土地质量、区位和用途（如商业、工业、住宅）等的不同，为方便分析，避免各种差异带来的各权利主体福利变化的不确定性，设研究区域内的建设用地为均质，因此可以使用同一需求曲线 D 和供给曲线 S。当市场均衡时，价格 P_1 可以看成是建设用地的平均价格。

假设二：根据福利经济学中资源配置的帕累托最优条件，该土地市场是完全竞争市场，即市场交易双方信息完全对称，农民、集体经济组织及地方政府是土地的供给者，开发商是土地的需求者。

假设三：根据上述分析，农民和集体在农地流转中往往所获得较少收益有时甚至是负收益，因此对农地城市流转需求低；并且，在中国，农民集体与农民之间是一种委托—代理关系，为研究方便，将农民和集体一起考虑。

在农地城市流转的过程中，存在着多种不同形态的土地价格，包括农地征用价格、土地出让价格、现状用途价格（曲福田和陈江龙，2001）。正是这些价格之间的巨大差额导致了农地征用过程中产生的一系列问题。我们可以借助下面的福利分配模型来分析，如图 2-2 所示。

图 2-2 中横轴代表土地数量，纵轴代表土地价格。假设社会发展的初始阶段城市建设用地需求曲线是 D，由于土地的稀缺性，建设用地供给曲线是 S，此时两曲线相交处的纵坐标即建设用地市场的均衡价格为 P_0。随着经济和城市化的快速发展，对建设用地的需求量日益增加，需求曲线由 D 上升到 D'，同时，国家通过征收农地来缓解需求的压力，使集体土地流转为国有土地，进入土地的一级市场。因此，从长期看，土地的供给具有一定的弹性，也就是图2-2（a）中所示土地的供给曲线向右偏，成为 S'，这时均衡价格变为 P_1。农地流转后增加的社会福利为图中 acd 围成的面积，设为 w，其中在价格线 P_1以上的部分为土地需求者获得的福利，P_1 线以下部分为土地供给者，即农民和集体获得的福利 ecf 和地方政府获得的福利 $befd$ 之和，经计算，$w_需 = w\,(E_s/$

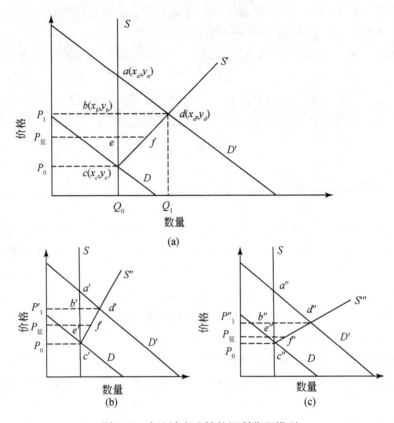

图 2-2　农地城市流转的福利分配模型

$E_s - E_d$）, $w_供 = w$（$-E_d/E_s - E_d$）, E_s 和 E_d（负值）分别表示需求曲线和供给的弹性①。

2.2.2　结论

可以看出：通过调整供给曲线的斜率即其弹性大小，可使各权利主体的福利大小产生变化。如图 2-2（b）所示，当供给曲线的价格弹性变小，S' 向左旋转至 S''，表示的是农地流转的速度在一定阶段内比较缓慢，社会福利绝对量

---

① 在图 2-2（a）中的 d 点，$E_s = \dfrac{x_d - x_b}{y_b - y_c} \times \dfrac{y_d}{x_d}$，$E_d = \dfrac{x_d - x_b}{y_b - y_a} \times \dfrac{y_d}{x_d}$

$$\frac{w_需}{w_供} = \frac{S_{\Delta abd}}{S_{\Delta bcd}} = \frac{\dfrac{1}{2}\ (y_a - y_b)\ (x_d - x_b)}{\dfrac{1}{2}\ (y_b - y_c)\ (x_d - x_b)} = \frac{(y_a - y_b)}{(y_b - y_c)} = \frac{\dfrac{x_d - x_b}{y_b - y_c} \times \dfrac{y_d}{x_d}}{\dfrac{x_d - x_b}{y_a - y_b} \times \dfrac{y_d}{x_d}} = -\frac{E_s}{E_d} = \frac{\dfrac{E_s}{E_s - E_d}}{-\dfrac{E_d}{E_s - E_d}}$$

w 减少，但大部分由土地供给者占有①，$S_{\Delta e'c'f'} + S_{Wb'e'f'd'} > S_{\Delta a'b'd'}$，当供给弹性变大（$S'$ 的斜率变小），表示的是农地流转的速度在一定阶段内比较迅速，流转产生的社会福利 w 增加，但大部分由土地使用者占有②，如图 2-2（c）$S_{\Delta a''b''d''}$ $> S_{\Delta e''c''f''} + S_{Wb''e''f''d''}$。并且土地供给者的福利随着 S 的斜率变小将由大逐渐变小。因此，如果以提高农地流转速率来达到提高社会经济效益的目的，土地供给者的长远利益将受到损害。

据此，我们可以得到下列结论：

结论一：社会福利绝对量的大小与一定阶段内农地城市流转的速度密切相关，流转速度加快，社会福利增加，反之减少。同时，土地供给者和土地使用者之间的福利分配也随之变化，中央政府可以通过控制流转速度使供给曲线的斜率维持在一定的高度，这样 S' 斜率（供给弹性）保持不变，当土地流转数量增加导致 D' 和 S' 水平向右移动、社会福利 w、土地供给者和使用者福利均按一定比例增加。因此，从现实中看，把农地城市流转的速率控制在一定的水平，可以避免耕地数量的锐减，同时提高土地资源的配置效率。

结论二：如果 $P_{征}$ 小于 P_0，即征地价格没有达到市场均衡价格，农民福利损失，农民的当期与长期利益受到极大的损害。从而，征地价格 $P_{征}$ 的变动范围应该在 P_0 和 P_1 之间。当 $P_{征}$ 远离 P_1 接近 P_0 时，地方政府获得大部分福利，而农民及集体获得的相对福利减少。$P_{征} \in [P_0, P_1]$ 时，$P_{征}$ 大小的变动直接影响地方政府和农民、集体之间的福利分配，即图中 $befd$ 和 ecf 的相对大小将随着 $P_{征}$ 的上下变动交替变化。因此，政府应确定一个公平、合理的 $P_{征}$，以足以弥补农民失地后损失的经济收益和社会保障，并且尽可能使其福利大于农地流转前，这对于保护农民利益，体现社会公平具有十分重大的意义。

2.3　农地城市流转中实现社会福利最大化的理论推导

福利经济学力图有系统地阐述一些命题，我们根据这些命题，可以判断某一经济状况下的社会福利是高于还是低于另一经济状态下的社会福利（Mishan, 1960）。为此，本节的目的就是借助福利经济学的知识，构建农地城市流转的社会福利函数，依此得出社会福利最大化的实现条件，并判断农地城市流转前后的社会福利变化。

---

① 因 $\dfrac{w_{需}}{w_{供}} = \dfrac{E_s}{-E_c}$，当 E_s 减小，E_d 不变，两者比值减小，说明 $w_{需}$ 相对于 $w_{供}$ 变小。

② 与 1 同理。

2.3.1　农地城市流转的社会福利函数

在经济学中，福利被看做主观幸福（subjective well-being），而幸福被定义为效用（utility）。"尽管福利和效用存在着三个偏离的原因，但除非在我们着手讨论的问题中，否则完全可以对这种偏离忽略不计"（黄有光，1991）。因此在本研究中，用效用 U 来代替福利 w。同时，为了使问题简化，我们有下列几个假设。

假设一：对每一权利主体，其效用由两部分决定：拥有的土地数量 L 和其他影响福利状况的因素或资源禀赋 a。如 $a_农$ 代表农民身体的健康、婚姻状况、心理状态、人际关系、个人素质及非农收入等（戴廉，2006），$a_开$ 代表土地开发企业所拥有的资金、人力资本、资质、规模、市场占有量等。

假设二：根据上述分析，中央政府对农地城市流转的决策目标是综合提升全社会的经济效益、生态效益和社会效益，即实现社会福利的最大化，所以认为中央政府的福利即为社会福利 w，其他所有权利主体的福利之和等于社会福利。因此，我们可以构建社会福利函数 swf（social welfare function）。[①]

$$swf = w_农 + w_集 + w_开 + w_政 = U_农 + U_集 + U_开 + U_政$$

该社会福利函数是农地城市流转中所有权利主体效用水平的增函数，具备所有权利主体效用函数具有的一切性质：连续、单调递增。

假设三：区域内的农户家庭、集体经济组织和开发商均为同质的单一行为主体。

假设四：在同一集体经济组织内，农户家庭拥有的农地总量等于该集体的农地数量，$l_集 = \sum_{i=1}^{n} l_农$，农户流转的农地总量等于集体经济组织流转的农地数量，$l_{集流} = \sum_{i=1}^{n} l_{农流}$，$n$ 为农户家庭的个数；各集体经济组织流转的农地总量等于该地方政府的农地流转量，$l_政 = \sum_{j=1}^{M} l_集 = \sum_{j=1}^{M} \left(\sum_{i=1}^{n} l_{农流} \right)$，$m$ 为集体经济组织的个数。

假设五：地方政府所获得的土地全部转让给开发商用于开发，则 $l_政 =$

---

① 庇古为首的旧福利经济学派认为，社会福利是个人各自效用的总和。即：$W = U^1 + U^2 + \cdots + U^n$。该式中，$U^1$，$U^2$，…，$U^n$ 分别代表第一个人、第二个人直至第 n 个人的效用量，他们的效用总和即为社会福利。在本文中，把 U^1，U^2，…，U^n 看成是不同权利主体的效用量。

$\sum\limits_{k=1}^{p} l_{\text{开}} = \sum\limits_{j=1}^{m} \left(\sum\limits_{i=1}^{n} l_{\text{农流}} \right)$，$p$ 为开发商的数量，每个开发商获得同样多的土地用于开发，则 $l_{\text{开}} = \sum\limits_{j=1}^{m} \left(\sum\limits_{i=1}^{n} l_{\text{农流}} \right) / p$。

2.3.2　农地城市流转的社会福利目标

基于社会整体福利改进与社会局部福利改进相兼顾、公平与效率相结合的考虑，我们主张农地城市流转的社会福利目标应该是社会的总体福利达到或超过流转前的水平；并且在社会整体福利水平提高的同时，农民的福利水平不应是下降的，而是随着土地资源配置效率的提高而提高，同时必须满足后代人生存发展所必需的农地资源。

假设效用函数是连续可微的，农地城市流转的社会福利目标可以用下面的公式表达

$$SWF \geq swf \tag{2-1}$$

$$\frac{\partial u_{\text{农}}(l_{\text{农}} - l_{\text{流}}, a'_{\text{农}})}{\partial u_{\text{农}}(a'_{\text{农}})} \geq \frac{\partial u_{\text{农}}(l_{\text{农}}, a_{\text{农}})}{\partial u(a_{\text{农}})} \geq 0 \tag{2-2}$$

$$\text{s. t.} \sum_{j=1}^{m} \left(\sum_{i=1}^{n} L_{\text{流}} \right) + \sum_{j=1}^{m} \left(\sum_{i=1}^{n} L_{\text{农}(t+1)} \right) = \sum_{j=1}^{m} \sum_{i=1}^{n} L_{\text{农}t} \tag{2-3}$$

式（2-2）代表在农地城市流转后，农民所拥有的除土地外的其他资源禀赋对效用的影响程度要增加。如能够获得更多的非农收入，政府对失地农民给予足够的补偿、就业机会和社会保障等。式（2-2）是社会福利最大的充要条件。

式（2-3）代表的是一个约束条件，即因农地的总供给量是恒定的，农地流转前的农地量（t 期）等于流转后（$t+1$ 期）剩余的农地量加上农地流转量。

2.3.3　农地城市流转社会福利最大化的实现

我们的目标是达到社会福利最大化，即

$$\begin{aligned} \max SWF = \max \big[&U_{\text{农}}(L_{\text{农}(t+1)}, a'_{\text{农}}) + U_{\text{集}}(L_{\text{农}(t+1)}, a'_{\text{集}}) \\ &+ U_{\text{开}}(L_{\text{流}}, a'_{\text{开}}) + U_{\text{致}}(L_{\text{农}(t+1)}, a'_{\text{政}}) \big] \end{aligned} \tag{2-4}$$

$$\text{s. t.} \ L_{\text{农}(t+1)} + L_{\text{流}} = L_{\text{农}t}$$

为求得使 SWF 最大化的条件，构建拉格朗日函数

$$L = \max\left[\, U_农\left(L_{农(t+1)}, a'_农\right) + U_集\left(L_{农(t+1)}, a'_集\right) + U_开\left(L_流, a'_开\right) \\ + U_政\left(L_流, a'_政\right)\right] + \lambda\left(L_{农(t)} - L_集 - L_{农(t+1)}\right) \tag{2-5}$$

一阶条件为

$$L_{农(t+1)}: \frac{\partial U_农}{\partial L_{农(t+1)}} + \frac{\partial U_集}{\partial L_{农(t+1)}} - \lambda = 0 \tag{2-6}$$

$$L_流: \frac{\partial U_开}{\partial L_流} + \frac{\partial U_政}{\partial L_流} - \lambda = 0 \tag{2-7}$$

由式（2-6）和式（2-7）得

$$\frac{\partial U_农}{\partial L_{农(t+1)}} + \frac{\partial U_流}{\partial L_{农(t+1)}} = \frac{\partial U_开}{\partial L_流} + \frac{\partial U_政}{\partial L_流} \tag{2-8}$$

根据式（2-8），我们得到：

结论三：当流转的单位面积农地由地方政府和开发商用于开发获得的效用增加量（非农生产边际收益）与农民和集体经济组织用于农业生产获得的效用增量（农业生产边际收益）相等时，社会福利达到最大。此时，单位面积农地用于开发或用于农业生产的收益无差异，同时也达到了土地资源在农业和非农业部门的最优配置。

接下来，我们可以把式（2-5）改写为

$$L = \max\left[\, U_农\left(L_{农t} - L_流, a'_农\right) + U_集\left(L_{农t} - L_流, a'_集\right) + U_开\left(L_流, a'_开\right) \\ + U_政\left(L_流, a'_政\right)\right] + \lambda\left(L_{农t} - L_流 - L_{农(t+1)}\right)$$

一阶条件为

$$L_{农t}: \frac{\partial U_农}{\partial L_{农t}} + \frac{\partial U_集}{\partial L_{农t}} + \lambda = 0 \tag{2-9}$$

$$L_流: -\frac{\partial U_农}{\partial L_流} - \frac{\partial U_集}{\partial L_流} + \frac{\partial U_开}{\partial L_流} + \frac{\partial U_政}{\partial L_流} - \lambda = 0 \tag{2-10}$$

由式（2-9）和式（2-10）得：

$$\frac{\partial U_开}{\partial L_流} + \frac{\partial U_政}{\partial L_流} = \left(\frac{\partial U_农}{\partial L_流} - \frac{\partial U_农}{\partial L_{农t}}\right) + \left(\frac{\partial U_集}{\partial L_流} - \frac{\partial U_集}{\partial L_{农t}}\right) \tag{2-11}$$

根据式（2-11），我们得到：

结论四：农地流转后，国家应将地方政府与开发商获得的收益转移一部分给农民和集体，即应给予农民和集体公平合理的补偿，才能足以于弥补他们由于损失了农地资源而导致的效用（包括经济收入、社会保障和农地的生态效益等）减少，也就是说，当效率的提高带来的社会福利的增加与公平的降低引起的社会福利的损失相等时，方能实现农地城市流转的社会福利最大化目标。

2.4　本章小结

农地城市流转是城市化进程中一项巨大且复杂的系统工程，在此过程中，如何实现土地资源配置中公平与效率的统一和实现社会福利的最大化是最核心的问题。但是，一些地方政府仍然只顾眼前利益，盲目追求农地城市流转带来的巨大收益，导致土地价格信号失真、市场机制被扭曲，既降低了资源配置的效率，也影响了资源配置中的代内和代际公平，致使土地利用非持续性。农民作为相对弱势的权利主体，因获得的补偿标准较低，也很难分享到农地流转后增加的土地收益，其中大多数人的福利正在逐步减小。村集体所获的土地征用补偿款往往不足以维持村组的集体经济发展并用于村民的福利改善。因此，农地城市流转后增值收益的分配不公是导致各个权利主体福利不均衡的重要原因。

第3章
农地城市流转与社会福利
变化：微观角度

　　根据第2章的研究结果，农地城市流转中各权利主体所获得的收益是否分配合理决定了资源分配的代内、代际公平性，这将对各权利主体产生不同的经济刺激，从而进一步通过信息传递影响资源配置中市场机制的发挥和资源配置的效率。然而在现实中，土地重新配置后产生的收益是如何进行分配的？这种分配是否公平？不同的分配格局将产生怎样的经济动力刺激或动力机制？这种动力机制又是怎样影响资源配置的经济效率？其中是否存在着市场失灵和政府失灵？这一系列问题都有待通过实证研究来解答。华中农业大学土地管理学院的湖北省征地补偿费分配制度研究课题组于2007年10～12月进行了大量的实地调研，旨在全面掌握湖北省典型地区、不同征地方式、不同的征地类型被征地产权主体（集体和农民）土地产权受侵害程度；能较准确地计算出土地产权主体经济损失和非经济损失量；并建立公平合理的征地补偿资金分配制度和公共政策体系。通过前面的研究得知，在农地城市流转的多个权利主体中，集体经济组织和农民是相对弱势的群体。因此，本章在调查研究的基础上，从集体经济组织和农民的微观角度来考察农地城市流转前后的福利变化及土地资源配置的效率和公平状况。

3.1　调查问卷的设计

3.1.1　调查目的和调查内容

　　调查问卷设计的对象分为村集体和农户两类。

　　《宪法》明文规定，农村土地归农民集体所有，这里的农民集体即通常意义上的集体经济组织，其组织形式是村或社区。一方面，集体经济组织作为农地的所有者和土地流转的供应方，在土地发生流转后，其福利状况必然要受到影响，如在集体经济收入的变化、剩余劳动力转移、社会保障基金、社区环境等方面将会有较大程度的变化。另一方面，集体经济组织作为农民利益的集合体，其福利的变化也会在很大程度上影响农民的福利变化。为此，对于村集体的调查，主要是解决以下三个方面的问题：①在农地城市流转前后，集体经济组织的福利发生了哪些方面的变化？②集体经济组织所获得的补偿是否能够体现土地所有权的价值？③集体经济组织所提留的征地补偿款是否足以用来改善或维持农民福利水平？针对这些问题，调查内容分为三个部分：①村基本情况，主要围绕村区位条件、近几年的劳动力转移情况、征地前后的经济收入和支出状况等问题展开；②征地意愿及价格意愿，这一部分主要是对村干部的主观意愿调查，从而进一步考察征地对集体经济组织及村干部带来的实际影响和心理冲击；③村社会保障情况，包含农民所享有的社会保障种类、保障标准、实施时间及征地前后发生的变化等。

农民作为农地城市流转中的弱势群体，其福利状况是评判农地配置中公平与效率（尤其是公平）的重要依据。中国 13 亿人口中有大约 9 亿是农民，因此，农民福利（包括家庭收入、劳动就业、社会保障、生活质量和心理感受①等多方面)，作为社会总福利的组成单元之一，在很大程度上影响着社会总福利的大小。为此，对于农户的调查，旨在解决以下几个方面的问题：①土地流转后，农民福利是增大还是减小？分别体现在哪些方面？②农民是否有平等的权利分享土地利用效率提高所带来的社会收益？③中央和各级政府应该做出哪些方面的努力方能保证农地流转后农民的福利大于或等于流转前？围绕这些问题，调查从以下 9 个方面展开：①农户家庭历年土地被征收（征用）情况；②农户对征地的认识与态度；③农户对农地征收的意愿价格；④征地后农户生活状况；⑤农村养老保障情况；⑥农村医疗保障情况；⑦农村最低生活保障情况；⑧农村教育保障情况；⑨农村失地再就业情况。

3.1.2 样本的选择

选择样本时，本课题组主要有以下三点考虑：其一，样本点所在的地区在全国要具有代表性，社会、经济发展位于全国平均水平；其二，该地区近年来发生了大量征地行为；其三，农民对征地反映强烈，政府和农民之间征地矛盾

---

① 根据 Parfit（1984）作出的福利概念的分类，个人福利（welfare）也可以被看做是一种个人的幸福或快乐（well-being），既包括肉体上的愉快和痛苦，也包括精神上的愉快和痛苦。因此在本研究中，把心理感受作为衡量个人福利的重要指标。

突出。

湖北省是中国中部地区的经济中心，是全国著名的商品粮棉油基地，该地区的农地城市流转和耕地保护对于全国的粮食安全、长江水域生态系统和两湖平原湿地生态系统的保护都有着重要的意义。目前湖北省正面临着新的经济发展背景和机遇。其一是国家区域经济发展战略向中西部的转移；其二是长江三峡工程的建设；其三是国家大江、大河的生态建设和治理；其四是南水北调工程的进行。由此可以预见，湖北省的社会经济将会迅猛发展，经济的快速发展必定会对土地城市流转产生巨大的影响。根据《国土资源统计年鉴》，2003 年和 2005 年湖北省土地征收量分别为 11 420.14 公顷和 9 305.04 公顷，分别占全国征地量的 4% 和 3.14%，土地城市流转也必然会对社会经济发展产生巨大的影响。

武汉市位于湖北省的中东部地区，是湖北省的省会城市，也是东部崛起的中心；宜昌市位于湖北省西南部，是湖北省的副中心城市，也是三峡移民的主要区域，因此征地问题比较突出；荆门市地区鄂中腹地，是湖北省的地级市，市区分为东宝区和掇刀区，东宝区是老城区，而掇刀区是新经济技术开发区，因此，荆门市基本形成了新老城区相结合的城市格局；仙桃市位于鄂中，属于湖北省的直管市，城市规模较小，但距离省会武汉仅 82 千米，受中心城市辐射效应影响，近几年仙桃发展迅速，城市面积扩张较快。

鉴于此，本课题组首先选择了距离省会武汉市中心较近的区域——洪山区和江夏区作为预调查区域，在此获得了村级有效问卷 2 份，农户有效问卷 109 份。预调查后对问卷中部分内容进行了修改和调整，最后形成本研究的调查问卷（见附录）。接下来，课题组对武汉市周边城市——仙桃市、荆门市和宜昌市的城乡结合部展开了全面地调查，共收回村级有效问卷 9 份，农户有效问卷 282 份。该次调查涉及面广，样本量大，共涉及 12 个县（市、区），39 个村，如表 3-1 所示。

表 3-1　被调查村和农户地区分布情况

地 区	区 位	村（社区）数/个	户数/户	户数所占比例/%
宜昌市	夷陵区	7	61	15.48
	猇亭区	3	15	3.81
	陆城区	2	5	1.27
	太平溪	3	6	1.52
	宜都市	1	7	1.78
	小计	16	94	23.86

地 区	区 位	村（社区）数/个	户数/户	户数所占比例/%
仙桃市	沙嘴办事处	1	22	5.58
	干河办事处	1	31	7.87
	龙华办事处	1	20	5.08
	小计	3	73	18.53
荆门市	东宝区	3	13	3.30
	掇刀区	7	102	25.89
	小计	10	115	29.19
武汉市	洪山区	3	45	11.42
	江夏区	7	64	17.01
	小计	10	109	28.43
合计		39	391	100.00

资料来源：样本调查（本章表格数据如未特别注明均来自本研究的样本调查）

3.2 调查方法

（1）访谈与问卷相结合

在进行实地调查时，针对主观问题，我们主要采取的是面对面的访谈形式。其中，征地价格意愿（WTA 和 WTP)[①] 的调查中有一些非现实的市场模拟条件需要调查员口头解释，只有让被访者充分理解假定条件，才有可能得到理想的调查结果。另外对于农户部分的调查，考虑到农民的受教育程度，虽经多次修改，已经将问卷中学术味较浓的术语改成了通俗易懂的词语，但还需要调查员加以解释，使农户容易理解并积极配合，以达到学术研究的目的。

针对客观问题，为节省调查时间，我们采取的是让受访者自行填写问卷的方式。

（2）典型调查和抽样调查相结合

典型调查和抽样调查都是重要的社会调查方法，它们同属于非全面性调查。典型调查的特点在于：调查单位少且经过全面分析选择，具有代表性，便

---

① 福利的改变经常是由一种指数的改变来表示，即为使消费者的整体效用水平保持不变所需要的钱数。对于一个个体消费者来说，对一个物品数量的增加，个人为获得此改善所愿意支付的最大金额（支付意愿 willingness to pay）；或对一个物品数量的减少，为弥补减少而愿意接受的最小金额（接受意愿 willingness to accept）。

于进行深入、具体、周密的调查。抽样调查的特点在于：样本量偏大，只能抽选一部分单位进行调查，并据此对全部调查研究对象作出估计和推断。典型调查和抽样调查相结合，既可以掌握全面情况，又具有典型材料，为分析问题、解决问题提供了丰富生动的资料。

因此，在本研究中，对村级的调查就是一种典型调查方法。首先，根据乡干部的介绍，找到征地频次高和征地数量大的村组，然后进行深入调研。而对该村组内农户的调研采用的是抽样调查方法。

（3）意愿调查评估法

意愿调查评估法（contingent valuation method，CVM）是一种典型的陈述偏好法，它通过对模拟市场的假设，调查人们关于环境等公共物品变化的偏好，从而推导出环境物品变化的非市场价值。CVM 是由科学家 Davis 于 1963年提出的，并由他首次将它应用于评估美国缅因州林地宿营、狩猎的娱乐价值。经过 40 多年的发展，CVM 受到了人们越来越多地关注，其研究方法和研究范围也得到了进一步拓展，目前，已成为环境与资源价值评估中最重要和应用最广泛的究方法。

意愿调查法的实施步骤分为以下几步：①从调查人和被调查人的选择，调查表的设计，调查注意事项的设定，调查活动实施的安排等方面进行意愿调查设计；②采用恰当的操作方式，按照有关注意事项及其要求对支付意愿、受偿意愿和决策意愿分别进行调查；③抽样调查，对抽样结果进行纠正性分析，由于抽样技术限制以及样本的随机性和总体样本的分散性，采用非参数检验法判断，故本次调查采用卡方检验法对结果进行分析；④采用统计分析方法，选择最终有效样本，以此测算最终的征地区片综合地价。

在本研究中，用到意愿调查评估法，主要是考虑到该方法具有以下特征：①CVM 不仅能够考虑土地自身的经济价值，还能够考虑土地的社会保障功能，即能够反映农地的外部经济效应；②CVM 能够兼顾农民、用地单位和国家三方的共同利益；③CVM 能够同时兼顾农民、政府、用地单位三方对征地补偿标准的受偿意愿、支付意愿和决策意愿，使得测算结果具有实际执行性（程文仕等，2006）。

3.3　基于村级调研的实证

农村集体经济组织既是区域的组成单位，又是农户生产、生活的场所，是农民利益的集中体。因此，农地城市流转对集体经济的发展向上影响到区域经济的发展，向下又制约着农民的福利状况。本节将选取典型村庄，从征地前后村集体的社会经济发展变化、村社会福利状况和村级领导对正负效应的主、客观判断来评价农地城市流转对集体经济组织的福利影响。

3.3.1 样本村、镇社会经济概况

实证研究的典型地区分别选择了武汉市江夏区，宜昌市夷陵区和陆城区，以及仙桃市的干河区、龙华山街道办事处和沙嘴街道办事处，又分别从各个区域选择七个村庄——普安新村、乌数村、梅子桠村、宝塔湾村、大洪村、黄荆村和杜柳村作为研究对象，重点考察这些村庄土地征收及对村民的生活、经济收入和社会保障等各方面的影响。表 3-2 和表 3-3 是它们的基本社会经济情况和主要收入来源及收入结构。

表 3-2　2006 年村级基本社会经济情况

基本情况	江夏区普安新村	干河街道大洪村	龙华山街道黄荆村	陆城区宝塔湾村	沙嘴街道杜柳村	夷陵区梅子垭村
总户数/户	740	1 200	1 726	518	758	1 716
总人口/人	2 284	5 200	7 135	1 743	3 910	4 223
农业人口/人	2 284	3 800	7 135	734	3 455	4 223
农业劳动力/人	1 099	3 200	3 400	500	1 710	2 784
土地总面积/亩	5 000	6 200	7 420	6 756	1 530	1 641
耕地总面积/亩	720	20	1 020	1 579	1 030	174
近 5 年劳动力向外转移/人	500	260	800	250	2 600	500

表 3-3　2006 年村级主要经济来源

经济来源及所占比例	江夏区普安新村	干河街道大洪村	龙华山街道黄荆村	陆城区宝塔湾村	沙嘴街道杜柳村	夷陵区梅子垭村	加权平均
农业种植与养殖业收入/%	19.67	—	—	41.97		34.17	32.19
村办企业/%	46.17	—	—	—	80.00	65.83	55.63
土地出租/%	—	76.92	13.63	20.35	20.00		3.91
其他/%	34.16	23.08	86.36	37.68	—	—	8.27

近 5 年内，表 3-2 中 6 个村庄内共转移的农村剩余劳动力占总人口的20.03%，其中，转移最快的为沙嘴街道办事处的杜柳村，转移人口占总人口的比例达到了 66.32%，远高于全国平均水平①。在向外转移的劳动力中绝大

---

① 据 2005 年《中国统计年鉴》，2001~2005 年全国农村剩余劳动力转移人数占总人数的 34.9%。

多数为青壮年人群，我们在农户调研中几乎很难遇见青年和中年人（除带孩子的妇女外），留守的老人说："他们都上班或外出打工去了。"许多学者认为：农地城市流转与农村剩余劳动力转移之间存在着密切的联系。一方面，失地后，农民失去了赖以生存的生活来源，只能向外寻求生存发展的机会；另一方面，随着城市化的发展，产业结构不断升级，许多农村剩余劳动力愿意放弃原来单一低效的农业生产方式而换另外一种方式谋生。但由于农民文化水平有限，同时又缺乏技术，在寻找工作的过程中要遇到各种各样的困难，许多农民到城市后干的都是一些低技术性、低收益、高强度劳动的工作，而且会受到城市人的歧视。当然在他们当中也不乏许多成功再就业的人。农村剩余劳动力转移在很大程度上缓解了农民对农地的经济依赖，减轻了农地城市流转对农民生活带来的不利影响。然而，由于中国目前的用工制度仍存在一些缺陷，与城镇劳动力相比，农民工的就业机会、工资福利、社会保障等还存在很多差异，造成农地非农化和农民就业"非农化"并不同步。即便是就业"非农化"滞后于农地非农化，但如果两者速率相同，也不会对当前农民的福利带来太大的冲击。然而现实情况是，农地城市流转几乎是瞬时完成的，而农村剩余劳动力转移还需要一个较长的过程，许多农民的非农就业是被迫的，从这个意义上来说，农地城市流转仍给农民的生活福利带来不利影响。

随着城市化和土地非农化的发展，在交通、通信等基础设施和区位条件改善的同时，村集体农地面积逐步缩小，村级经济来源也在经历着"非农化"的发展。一方面，在征地高频量大的村庄，农业生产所依赖的土地资源日趋减少，农业收入在集体经济收入中的比重渐渐缩小，如仙大洪村、黄荆村和杜柳村。而另一方面，被征土地开发后，公共设施条件得以改善，将更加容易招商引资，村办企业不断兴起，土地或房屋出租的价格也同时提高，这对集体经济是一个非常有利的推动。村集体经济收入来源随之由农业收入转变为土地出租、村办企业或其他行业。而那些农地资源面积相对较多的村庄，农业收入还在集体经济收入中占有一定比重。

3.3.2 农地城市流转与样本村集体经济发展

为了更好考察村集体经济发展与农地城市流转之间的关系，我们选取的典型村庄有的土地征收（征用）所发生的频率高（近几年内几乎每年都有征地，有的村甚至一年征地达到两次），有的数量大（一次征地数量达到 1000 多亩）（表3-4）。

表3-4 村级历年土地征收（征用）情况表（2002～2007年）

行政村	征地年份	征地方式	征地用途	征地面积/亩	
				分次	合计
普安新村	2003	C	E	1 728	2 183
	2004	C	D	150	
	2006	C	D	305	
乌树村	2003	A	C	197	1 997
	2003	A	C	571	
	2005	A	C	384	
	2006	A	C	845	
大洪村	2002	A	C	40	310
	2004	A	A	30	
	2005	A	C	60	
	2005	A	A	60	
	2007	A	C	120	
宝塔湾村	2004	A	B	1 267	1 267
杜柳村	2002	A	AB	16	190
	2003	A	A	50	
	2004	A	D	37	
	2005	A	AC	74	
	2006	A	D	13	
梅子垭村	2007	A	AC	1 560	1 560

注：1）征地方式为：A. 以村集体名义征收；B. 用地单位与村集体直接协商租用；C. 国家直接征收；D. 农户与用地单位直接协商；E. 其他

2）征地用途分为：A. 国家市政建设；B. 经济技术开发区；C. 开发商品房；D. 投资办厂；E. 国家基础设施建设；F. 其他

从征地方式来看，多以村集体名义征收为主，其次才是国家直接征收。《宪法》和《土地管理法》规定：农村集体所有的土地不能直接入市，国家建设征收土地的主体必须是国家，而在现实的经济运行过程中，农民集体经常会突破现行征地制度的安排和限制，自发地进行集体建设用地流转；从征地类别来看，除宝塔湾村2004年被征收了园地、林地和鱼塘，梅子桠村2007年被征收了大量园地外，其他村被征土地均以旱地、水田和菜地三类产值较高的农地为主；从征地用途来看，多以营利性为主（图3-1），如房地产开发（乌树村2003年、2005年和2006年；大洪村2002年和2005年；杜柳村2005年；梅子桠村2007年）、兴建工厂（普安新村2004年和2006年建机械厂；杜柳村2004年和2006年的工业用地；大洪村2007年建丝保集团）、农家乐（乌树村2003年）、经济技术开发区（宝塔湾村2004年）等，而以公益性目的征地较少（普安新村2003年建成了科技学院，大洪村分别于2004年和2005年建成了疾控中心和公汽公司，等等）。非公益性用途征地比例由大到小依次为：武汉、宜昌、荆门、仙桃。基本呈现以下特征：经济越发达的地区，以营利性目的征地行为发生越多。距离城市中心越近的地区，营利性征地也越多。由此可见，非公益性征地和以非国家名义征地的现象越来越普遍，农地流转后巨大的增值收益是促使征地现象不断发生的巨大动力。

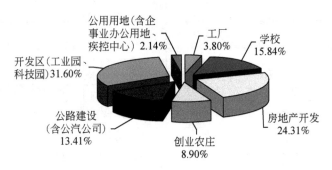

图3-1 调查区域村级征地目的

在农地城市流转后，村级经济也发了较大的变化。如表3-5所示，随着国家社会经济的全面快速发展，村庄的经济状况也在不断改善。一方面，从年经济收入和年纯收益变化来看，征地前后都呈现正的增长。但在不同地区，收入组成的结构变化不同，引起村级年经济收入增加的原因也不同，主要有：国家农业补贴及相关扶贫资金[①]，其他产业的发展带来的经济效益，土地出租的收益增加。另一方面，由于村级建设投入的增加，各村的年经济支出也不断增加，反映出各村的事业发展势态良好，增加的年经济支出主要用于集体劳动工资（或村级生产性支出）（干河区大洪村和陆城区宝塔湾村）、村公共建设和服务（如江夏区普安新村）和村养老、医疗保障（江夏区乌树村和龙华山街

① 2007年，中央进一步加大了良种补贴、农机具购置补贴和测土配方施肥补贴等政策的扶持力度，并扩大了补贴范围，共安排专项资金88.7亿元，比去年增加29亿元。

道黄荆村）等。

表 3-5　征地前后村级经济的变化状况

	普安新	乌树	大洪	黄荆	宝塔湾	杜柳	梅子垭
年经济收入变化	+		+	+	+	+	+
其中：							
农业收入变化	−		+	+	+	+	+
村办企业收入变化	+		−	+		0	−
土地出租收入变化	−		0	+	+	+	−
其他收入变化	+		0	+	+	0	+
年经济支出变化	+	+	+	+	+	0	
年纯收益变化	+		+	+	+	+	
目前是否有负债	否	否	是	是	是	是	否

注：1）年收入（支出，纯收益）变化指 2006 年村集体经济收入相比于最近一次征地前村集体经济收入（支出，纯收益）的变化，"＋"代表收入（支出，纯收益）增加，"−"代表收入（支出，纯收益）减少，"0"代表没有变化

2）由于不便于公开内部财务等方面的原因，江夏区邬树村和夷陵区梅子桠村没有提供村经济收入和经济支出方面的信息

3.3.3　征地意愿与价格意愿

村干部作为农民的"父母官"，是最了解当地农民生活的状况和当时农地征收（用）情况的，集体经济变化和农民福利变化是影响其做经济决策的重要因素。因此，他们的主观判断是我们的重要研究依据。本部分调查中，我们选取了 7 个典型村的共 31 位村干部（其中包括村长、村支部书记、村会计等）做了征地意愿和征地价格的调查。

3.3.3.1　征地意愿

当问到"土地对农民的重要性"，除极少数村干部的回答是"无所谓"外，其余的均认为"很重要"。回答"无所谓"的村干部主要集中在江夏区普安新村，该村主要经济收入来源于商业、运输业和建筑业，他们认为"其他行业比农业赚钱"，即其他行业的边际生产效益高于农业。而那些认为土地很重要的村干部将土地对农民的作用按重要性大小依次分为：收入主要靠土地；被征地后可以获得补偿；家里有土地感觉有保障，种地牢靠、保险；生活在农

村，环境好，空气清新；子女可以继承。从村领导的判断，我们可以看出，当地农民对土地的生存和心理依赖程度仍然很高。

对于"土地被征收后，村民的家庭生活水平变化"一题，有71%的人认为变好了，14.5%认为变差了，14.5%认为与以前一样。分别有29%和71%的人对当时的征地补偿满意和不满意，认为满意的主要原因是：征地有利于劳动人口向外转移；能增加就业机会，提高人们生活水平；对外招商引资更具有优势、能够繁荣地方经济；可以改善地方交通、通信、教育、医疗等基础设施和公共服务条件。而认为不满意的原因在于：政府强行征地，农民与政府、开发商的矛盾时有发生；村大部分土地被征，农民找不到其他工作；村生态环境遭到破坏；农民收入减少，生活水平下降，并且他们希望土地征收政策应该在以下几个方面进行改革：①土地所有权仍然归集体所有，集体以地入股，从而获得持续稳定的经济收益；②加大社会保障力度，完善被征地农民的社会保障措施；③村组织应有代表农民直接与地方协商谈判的权利；④公平、公开地分配征地补偿费；⑤组织被征地农民非农就业培训，增加他们的劳动技能。从此，我们看出中国法律不仅对集体土地所有权有许多限制，而且表现在集体土地被征收时政府和集体经济组织的地位不对等。

有67%的村干部认为本村的土地征收规模偏大，因此不希望本村土地被征，而他们正是回答对当时征地补偿不满意的那部分调查对象；21%的人认为征地面积适中，希望继续被征，少部分认为无所谓。村领导对本村征地规模是否偏大的判断可以真实地反映出当地农地流转速度是否过快，土地资源配置效率是否低下。有村干部反映："不少土地在被征收后没有得到很好地开发利用，有些甚至闲置荒芜"。尽管如此，仍有71%的人认为本村招商引资"肯定能行"或"基本能行"，21%的人认为"不好说"，只有8%的人认为"不会成功"。这可能是因为，虽然从客观看大家都已经清楚地认识到征地规模偏大的态势，但考虑到自身经济的发展，在主观上还是希望通过农地城市流转来改善招商引资的条件，从而快速完成工业化和城市化。从经济学的角度看，集体经济组织作为"经济人"（群体），同样希望获得的私人收益大于私人成本，将征地规模偏大的负效应转嫁给由社会承担，导致社会成本大于社会收益，土地资源配置偏离社会最优状态，配置效率降低。

针对回答的分歧，笔者认为：决定村干部征地意愿的有区域的区位条件、集体经济收入来源、土地资源分配格局等因素，大体呈现出以下规律：①越是远离市中心的村庄越是希望土地被征收，如距离中心集镇5千米、距离武汉市1000千米的宜昌市陆城区宝塔湾村，而紧邻市中心的村则不希望土地被继续征收，如仙桃市龙华山街道黄荆村。这说明比较偏僻的乡村土地面积较多，但受区位的影响，招商引资的难度较大，亟需城市化和土地城市流转来改善区域条件，从而带动经济发展；而接近城市中心的村庄由于所剩余的用于开发的农地资源已经十分紧缺（甚至已经降到了最低限度，如仙桃市干河区大洪村，全村仅剩余10亩的棉田），因此认为继续城市化不利于村级经济的发展。②集体经济收入来源主要依靠农业收入越大的村庄越不希望土地被征（如陆城区宝塔湾村），这说明这类村庄由于种种原因，其他行业尚不发达，农业收入依然是村集体和农民的主要经济依靠。而相反，集体经济收入主要依靠村办企业或土地出租的村庄则更希望土地被征。如仙桃市干河区大洪村，其村级经济收入有76.93%来源于土地出租，而沙嘴街道办事处杜柳村的经济收入80%来源于兴办农家乐（餐饮和娱乐）的收入。

3.3.3.2 价格意愿

《土地管理法》规定：征地补偿共有土地补偿费、劳动力安置补助费、青苗补偿费和地上附着物补偿费四项。《土地管理法实施条例》对这四项补偿的分配又作了如下规定：土地补偿费归农村集体经济组织所有；地上附着物和青苗补偿费归地上附着物和青苗的所有者所有；安置补助费原则上是谁安置就归谁，需要安置的人员由农村集体经济组织安置的，安置补助费支付给农村集体经济组织管理和使用，由其他单位安置的，安置补助费支付给其他单位，不需要统一安置的，安置补助费发放给被安置人员个人。也就是说，征地补偿费中应该归集体经济组织所有的是土地补偿费，而劳动力安置补助费由于行使主体的不确定，先暂不考虑。

我们采用了意愿调查法中的支付卡方式来评估村干部认为可以接受的征地补偿费（接受意愿，WTA），并将此与村集体实际获得的补偿额进行比较。在此，我们根据调查区域的土地特点，将农地划分为水田、旱地、菜地和养殖水面四类，并提出假设条件：为了保障村民的生活水平在征地后不下降，同时维护村集体的土地所有权益，可以接受的最少土地补偿价格每亩是多少钱？考虑到调查区域实际发生征地的亩均补偿水平在5万元/亩以下，我们将投标值设为从0.75万元到10.5万元的11个，同时考虑到更高或更低的投标可能，将高于最高投标值和低于最低投标值之外的投标值设置为自由填写。

我们对得到的31个样本数据取平均值，得到的计算结果是：水田、旱地、菜地和养殖水面的土地补偿价格每亩分别是8.5万、9.1万、9.3万元和9.1万元，这组数字仅仅是由村领导根据经验作出的主观判断，并没有运用更加科学的方法评估土地的市场价值和非市场价值。而实际的情况是：经过计算（考虑现金贴现率），各村近几年征地获得的土地补偿费加权平均值为水田3

万元/亩、旱地 3.5 万元/亩、菜地 4.3 万元/亩、养殖水面 3.5 万元/亩。其中补偿金额最高的是大洪村，在近几年发生的征地中，均获得了每亩 5 万元的土地补偿金，最少的是乌树村，2006 年的征地只得到了每亩 1.3 万元的补偿。征地补偿大多实施政府定价，采取一次性支付的包干方式将土地补偿费、安置补助费全部发放给村集体。实际征地补偿费与中国目前使用《土地管理法》中年产值倍数法的补偿标准相差甚远。而给予农民的安置补偿费和土地的补偿都是由村内部协商解决，一般采用征地后按人口均分剩余土地和均分征地补偿款的方式解决分配问题。

现实和主观愿望的差别能从一方面反映出村领导对土地补偿制度的不满，另一方面，有 100% 的村干部认为村集体获得的土地补偿费太少，土地增值收益分配不公平。从而说明集体经济组织获得的土地补偿费无法体现出土地所有权的价值，或者说土地补偿费与土地市场价值和非市场价值之和相差甚远。

在自然资源经济学中，许多学者都运用 WTP 和 WTA 相结合的方法来测度福利变化。因此，我们原本也设想通过意愿调查法评估集体经济组织对农地的支付意愿（WTP）（即为了促进村级经济发展，保证农民福利不下降，假设村集体有向外购买农地的可能，那么每亩农地最少愿意支付多少钱），并将之与村集体实际获得的补偿相比较。尽管许多实证研究都表明：由于 WTP 受收入的限制，而 WTA 不仅不受收入的限制还有正的收入效应，WTA 往往高于WTP，但 WTP 和实际获得补偿之间的差额也能从一定程度上反映集体经济组织的福利损失。另外，从产权理论的观点来看，WTA 是以受访者接受补偿的方式衡量环境资源改变的效益，隐含资源产权归于受访者，而 WTP 则表示资源产权归属于政府。在预调查中，许多村干部反映这与现实偏离太远，因此，在正式调查中取消了支付意愿的调查。

3.3.4 农地城市流转与农村社会保障体系

对于土地征收中的留地安置问题，几乎所有的村干部都认为"很有必要"，因为这可以帮助解决农民的就业问题，能够"让农民生活可持续"，缓解劳动力转移中遇到的重重阻力；并且认为留地面积应占征地面积的 20%～30%。

根据村干部的主观分析，村、组留用部分征地补偿费用的主要用途按照重要性由大到小依次为：村内福利事业、缴纳各种社会保险、对被征地农民经济补偿、增加村级积累以发展集体经济、村内发展生产设施提高生产能力、村内行政管理费用、公共服务开支（动物防疫、计划生育、治安）、支持村办企业的发展。从此可以看出，改善村内农民的福利状况是村级领导在工作中主要考虑的因素，其次才是村集体的各项事业发展和村行政办公条件的改善。如大洪村每年从征地补偿费中提留 200 万元用于解决农民的最低生活保障、养老保险和就业培训。

如表 3-6 所示，被调查的村庄中大多数都有村民养老保险，分别是从 2004 年、2005 年和 2006 年开始实施的（大洪村中有的条件较好的组从 20 世纪 90 年代就开始实施了），享受该保险的对象都是村内大于 60 周岁（含 60 周岁）的男性村民和大于 55 周岁（含 55 周岁）的女性村民。但由于各村的经济状况不同，补偿标准也不尽相同，情况比较好的是乌树村和黄荆村，乌树村适龄人员每年可以享有 1200 元的养老保险金，分别由村民、村集体和管委会承担 1/3。黄荆村的补偿标准是每年 1200 元，养老保险金分别由市政府和村集体各承担一部分；其次是普安新村和大洪村，养老保险金额分别是每年 800 元和 720 元。

表 3-6　村级社会保障情况

保险种类	普安新村	乌树村	大洪村	黄荆村	宝塔湾村
养老保险	1	1	1	1	0
合作医疗保险	1	1	1	1	1
最低生活保障	1	1	1	1	1
再就业培训	0	0	1	1	0
失业保险	0	0	0	0	0
安置就业	0	0	0	0	0

注："1"代表"有"，"0"代表"无"

在以往，"小病挨、大病拖、重病才往医院抬"的情况在农村司空见惯，因病致困返贫的现象也非常突出。为改变这一状况，国家于 20 世纪 90 年代就积极探索和推广农村合作医疗保险制度。新型农村医疗保险制度分别从 2004 年、2005 年、2006 年和 2007 年在各调研村开始启动，涵盖率高达 100%。资金的来源是每年由村民个人交纳 15 元（宝塔湾村每人交纳 9 元），区、市和省财政分别划拨 20 元、30 元和 30 元/人。村民在生病治疗后，可以凭住院发票、出院证、住院费用和用药清单、户口或身份证复印件和新型农村医疗保险证书到户口所在地新型农村合作医疗管理小组报销，若在社保定点医院就医可以报销较高比例，在市级以上医院就医可报销 40%，但有最高限额的约束，如在宝塔湾村，生大病住院最高可报销 10 000 元。实践证明，农村合作医疗保险是农民群众通过互助互济、共同抵御疾病风险的方法之一，受到了广大农民的欢迎。

根据湖北省民政厅《关于加强农村低保对象审核审批工作的通知》（鄂民政函〔2007〕153号），各村均对家庭困难的村民执行了分类救助，以确保每人月均补助水平达到30元。一类重点保障对象控制在10%以内，主要针对的是孤寡老人，人均补助50元；二类救助对象是残疾人，人均30元；三类补助对象主要是孩子小，本人生大病的人，人均31元，是暂时性补助，救助资金由区民政局支付。在此基础上，各村还根据实际情况实施了相应的扶贫政策，如各村分别从村财政支出70～200元不等的最低生活保障金给五保户；宝塔湾村每年给因工致残者每人每年300元，贴补危房户4000～5000元重建新房。

关于再就业培训，大洪村和黄荆村都是采取由村集体转移支付给职业技术学校，再由技校组织失地农民就业培训的方式，大洪村还为外出打工的农民工每年报销一次来往路费，其他村庄尚未有相关措施。仍未有村庄对失地农民实行就业安置，在调查中，我们只是了解到：各村委会都在积极为村民提供就业信息，让有技能的村民早日重新就业，以促进劳动力的成功转移。

综上所述，我们得出：①村级社会保障中，养老保险、医疗保险和最低生活保险已经开始启动且涵盖面较广，这和国家强农富民的宏观政策是相一致的；而失业保险制度和就业培训、就业安置等措施仍然未有实施。②已经实施的养老保险、医疗保险和最低生活保险制度还有待进一步完善和健全。针对这两个问题，村干部的回答是：要健全农村社会保障体系，在很大程度上要依靠市级政府的财政拨款或转移支付，村集体获得的安置补偿费和留用的征地补偿费用难以维持更大的保险支出；农村各项保险还必须有商业保险公司进入，面对巨大的农村失业、养老和医疗保险市场，保险公司却驻足不前，究其原因主要是缺乏政府政策支持，现有农村公共环境及管理体制与商业保险配套需求差距较大，风险较高。

3.4 基于农户调研的实证

农民，是中国人口的主要组成部分，农民群体福利的大小从很大程度上决定着社会福利的大小。而由前部分的分析我们知道，农地城市流转影响了集体经济组织的福利，从而进一步导致农民的福利变化，然而，这些变化反映在农民生活的哪些方面尚不清楚。因此，要弄清农地城市流转中公平和效率对农民福利的影响，就有必要进行农户微观层次的实证分析。本节以调查为基础，从农户历年土地被征收（征用）情况、征地意愿和价格意愿、征地后生活状况、享有的社会保障情况等方面来分析农户的福利变化和土地资源非农化配置的效率与公平①。

3.4.1 样本农户基本信息

在调研中，我们共获得了391份有效的农户样本信息，其中武汉市112份，仙桃市73份，宜昌市94份，荆门市115份。样本农户的基本信息如下。

（1）样本农户的年龄和性别特征

从年龄分布来看（表3-7），30岁以下的农户最少，仅占样本总数的9%，60岁以上的农户次之，占11.57%，绝大多数农户在30~60岁，其占比高达79.43%。之所以年轻农户少，主要原因是征地后农地面积减小，农村家庭劳动力出现了剩余，年轻人只能选择外出务工。年轻人从性别分布来看，在被调查的391个样本中，男性为260人，女性为134人，分别占66%和34%。可见，在农村户主"天然"地是男性，"男主外，女主内"的风俗依然普遍。在调查中发现，男性更愿意发表自己的想法，对有些问题往往有自己独特的见解和评价，并敢于公开内心对土地征用政策的不满。

表 3-7　样本农户户主的年龄结构分布　　　　　单位:%

地　区	年龄/岁				
	≤30	31~40	41~50	51~60	≥61
武汉	9.00	30.00	25.00	21.00	15.00
仙桃	14.08	21.13	35.21	21.13	8.50
宜昌	7.77	22.33	30.10	29.13	10.68
荆门	6.96	18.26	33.04	30.43	11.30
加权平均	9.00	22.88	30.59	25.96	11.57

（2）样本农户的文化程度

从农户户主受教育程度来看（表3-8），呈现出正态分布的特征。其中受到大学教育的人数最少，仅占1.33%，绝大多数有高学历的人都选择非农就业；其次是文盲，占样本比例的4.8%，这部分人主要以50~75岁的老年人为主；有小学文化水平的人占26.13%；绝大部分农户具有小学或初中文化水平，共有254人，占样本总数的67.73%，如果将外出务工的年轻人考虑在内，这部分比例应该更高。可见农户的总体文化水平并不低，随着国家对农村义务

①　征地的过程往往伴随着宅基地的征收或征用，但在调查区域的391个样本农户中，仅有52个、占13.23%的农户家庭宅基地被征。为了研究的方便，本书仅考虑了土地被征收的情况。

教育扶持力度的加强，农户中具有小学和初中文化水平的比例将不断增长。

表3-8　样本农户的户主的文化程度　　　　　　　　单位:%

地 区	教育程度				
	文盲	小学	初中	高中	大学及以上
武汉	9.10	22.22	54.55	12.12	2.02
仙桃	2.86	21.43	52.86	22.86	0
宜昌	4.40	25.27	56.04	13.19	1.10
荆门	2.61	33.04	49.57	13.04	1.74
加权平均	4.80	26.13	53.07	14.67	1.33

注:本调查所指的文化程度是指毕业或肄业,如上过一年小学后辍学也认为具有小学文化水平,初中、高中同样以此为界定原则。另外,中专和职高被认定和高中同等文化水平

（3）样本农户的家庭规模和经营规模

在所调研的391个农户中，农户家庭规模最小为1，最大为11人，平均每户4人（表3-9）。其中家庭人口在3~4人的户数最多，有201户，占51%；家庭人口在5~6人的户数次之，占33%；家庭人口小于等于2的户数占11%；最少的是家庭人口大于等于7人的户数，仅有20户，占5%。可见，作为农村经济的基本单元，其劳动力规模是偏小的。

表3-9　样本农户的家庭规模

家庭人口/人	户数/户	所占比例/%	最小值	最大值	均值
≤2	43	11			
3~4	201	51	1	11	4.1
5~6	130	33			
≥7	20	5			

在农地面积方面，每户的经营规模非常有限（表3-10），绝大多数农户无地耕种（或无养殖面积），占样本总数的66.24%；5亩以下的小规模农户占25.38%，其中许多农户反映家里只有几分地，用来种植蔬菜或经济作物，产出仅够生活吃菜需要，大多数粮食要到市场上购买；耕种5亩以上的中等规模农户所占比例很小，为8.38%，在所有调查样本中耕地面积最大的是荆门市掇刀区交通村三组的一个农户，有养殖面积24亩。以上数据说明：由于户均人口规模较小，每户所能经营的土地面积是有限的，而有限的土地所带来的收益又不足以支付家庭日益增长的生活需要；土地的细碎化使土地的规模化经营无法实现，促使了农村剩余劳力的进一步转移；多次征地使大多数农户家庭无

地耕种，只能依靠非农行业生存。

表3-10 样本农户的经营规模 单位:%

地 区	耕地面积A/亩			
	0	0 < A < 5	5 ≤ A < 10	≥10
武汉	73.87	19.82	4.50	1.80
仙桃	64.86	31.08	4.05	0
宜昌	77.66	18.09	3.19	1.06
荆门	50.43	33.04	12.17	4.35
加权平均	66.24	25.38	6.35	2.03

（4）样本农户的经济活动

农户家庭以农业与非农兼业为主。如表3-11所示，样本农户中，仅有36个农户完全依靠传统农业生存，占9.1%，这些农户家庭经营规模相对较大，对他们来说，农地是唯一的就业途径和强大的社会保障；兼业农户为284个，其比例高达72.2%，对他们来言，农业仍是家庭收入的重要组成部分，非农行业的较低收入使他们还难以完全脱离农地而把非农就业作为家庭生活的长期依靠，他们大多数兼有的非农工作不稳定，绝大多数都是在农闲的时候在村庄附近打点散工来贴补家用。而完全脱离农业的农户有74户，占18.7%，这部分农户有的是由于土地被征，不得不转变其他的就业方式，有的是自愿放弃务农，在当地从事建筑、运输或商业等经营活动。

表3-11 样本农户家庭从业情况

农户所从事行业类别	传统农业（种植业）	农业与非农兼业	非农行业
户数/户	36	284	74
占被调查对象比例/%	9.1	72.2	18.7

3.4.2 征地前后农户家庭的收入变化

随着经济发展和产业结构的优化调整，农业在国民经济构成中所占的份额在不断下降，农业增加值在GDP中所占比例已经由1988年的27.5%降低到2005年的12.5%[①]。与此同时，农业收入在农村居民家庭收入中的比重也在不断下降。1978年，在农村居民家庭总收入中，农业收入和非农业收入的比重

—————————

① 见《中国农业发展报告2006》. http：//cn. chinagate. com. cn/reports/node_ 7038935. htm.

分别是84.95%和7.92%，农业收入份额远远高于非农业收入。到了2001年，二者的比重则变为49.24%和45.06%，分别增减了约36和37个百分点。在被调研的391个农户中，农业收入占家庭收入的平均值由2002年的88%下降到42%。

以上说明，随着城市化的发展，农户家庭收入也在经历着"非农化"的变化。如表3-12所示，在调查样本中有非农收入的群体越来越大，征地后有更多的家庭有部分成员从事非农业，户数比征地前增长了32.28%。与此相适应的是，农户家庭非农收入有所增长，月平均收入由征地前的1452元增加到1712元，增长了15.20%。这说明随着农民非农收入的增加，农民对农地的依赖程度减弱。但在调研中，听到不少农户反映，由于他们的非农工作不稳定，不得不经常重新寻找工作，收入也经常处于不稳定状态，因此对自己的非农工作和非农收入并不持有乐观的态度。即便有相对稳定的工作（如驾驶员、木材厂工人、小买卖经营者等），也由于技术含量低、竞争力差，收入状况并不令人满意。在调研中，只有12.33%的人认为目前的家庭收入与征地前相比增加了，生活有所改善；有76.90%的人认为减少了，目前的生活水平不如以前；10.76%的人认为没有多少改变。分别有1.05%、14.70%、10.76%、58.53%和15.22%的人对目前家庭收入状况很满意、一般满意、不好不坏、不满意和很不满意。由此可见，农地城市流转后，农民并没有多少机会分享资源重新配置后增加的社会福利，主要表现在缺乏有效的途径和公平的参与机会，这从一定程度上反映了中国现有土地征用制度的不完善，收益分配制度缺乏机会公平和结果公平。同时也说明，在当前和今后很长一段时间之内，农民对土地的依赖都不会从根本上得以缓解（虽然会有所减弱）。

表3-12 征地前后农户非农收入变化

地 区	月非农收入/元			有非农收入的农户/户		
	征地前	征地后	增长/%	征地前	征地后	增长/%
武汉	1 367	1 932	29.24	49	73	32.88
仙桃	1 560	1 729	9.77	47	64	26.56
宜昌	1 685	1 689	0.24	53	80	33.75
荆门	1 150	1 487	22.66	44	68	35.29
加权平均	1 452	1 712	15.20	193	285	32.28

3.4.3 农村剩余劳动力转移及其对农地的依赖

随着中国城镇化和工业化的快速发展，第一产业产值和吸纳的就业人员都呈现迅速下降趋势，而第二、第三产业产值在 GDP 中的比重迅速上升，不仅吸纳了绝大多数新进入劳动年龄的劳动力，而且吸纳了第一产业转移出来的剩余劳动力。劳动力的流动总是从边际效益低的行业流向边际效益高的行业（蔡昉，2006）。根据国家统计局的数据：在全国从事第一产业人员平均每年（2003～2007年）下降 1077 万人的同时，第二、第三产业从业人员分别上升861 万和 881 万人；2007 年，农民外出打工人员达到了 13 000 万，比 2003 年的 9800 万上升了 35%。在调查区域中，武汉、仙桃、宜昌和荆门分别有77.65%、87.67%、69.57% 和 60.71% 的农户家庭中有成员在外从事非农就业。

在对外出农民工的就业渠道调研中，我们发现，通过政府部门组织和中介组织外出的农民工分别占 1.9% 和 12.6%，65.3% 的外出农民是经过老乡、亲友的介绍或带领下外出务工的，这表明农民工外出的基本方式依然是依托地缘、亲缘基础上的社会网络来启动和展开的，87.17% 的农户在征地后没有被组织参加过任何就业培训，15% 的劳动力是第一次外出，以前没有外出经历。而在主观意愿调查中，当被问"您最希望通过何种途径获得就业"时，有56.25% 的农户首选通过"人才市场"、"职业介绍所"和"招聘会"等中介组织，24.3% 的农户选择"由政府提供岗位"，仅有 14.24% 的农户选择"由熟人介绍"。这说明意愿就业渠道与实际就业渠道存在着较大的偏离，它们之间的背离程度如图 3-2 所示。

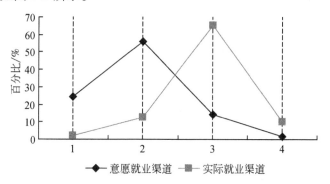

图 3-2　样本农户意愿就业渠道与实际就业渠道的偏离

注：1、2、3、4 分别代表政府安置、中介组织、亲友介绍和其他

即便有许多人认为"种地赚不到钱"，继而从事其他的谋生方式，但仍有不少人选择继续种植田地，究其主要原因，如表3-13所示。

表3-13 农民选择继续种地的原因 单位:%

原　因	武汉	仙桃	宜昌	荆门	加权平均
种田是养老生活的保障	35.87	43.40	35.16	32.69	38.04
种田以后会越来越赚钱	6.52	0.00	19.78	25.00	10.14
留给后代继承	15.22	15.09	17.58	17.31	17.03
只会种地，别的干不了	9.78	16.98	12.09	11.54	12.68
在城市工作不顺就回家种地，给自己留条后路	18.48	24.53	10.99	7.69	15.94
政府征地时可获得一笔补偿金	11.96	0.00	2.20	3.85	5.43
其他	2.17	0.00	2.20	1.92	0.72

由此可见，农地对农民的福利效应是多面的，它不仅给农民带来直接的经济收益，还具有预期功能和就业机会效应及生活保障效应，这在很大程度上反映了农地对农户的价值所在，土地对农地生产经营者仍有着特别重要的意义。正因为如此，许多农户在从事非农业的同时，仍不放弃耕种家里那"少得可怜"的田地，对他们来说，这是必须坚守的"底线"。一旦发生强制性征地，使他们变为"彻彻底底"的失地农民，进而变成"三无"群体，则他们的福利损失将是巨大的。当前，随着农业税的全部免除，国家又对种粮农民进行了直接补贴，惠农政策的实施使农民负担减轻，农民对农地的热情也开始升温。

3.4.4　农户征地意愿和补偿意愿

3.4.4.1　对农地重要性和农地产权的认知

当被问"您认为土地对农户家庭的作用有哪些？（可多项选择）"时，回答家庭收入依靠土地的农户占72.89%，75.70%的农户认为全家日常生活所需食品要依靠土地提供，78.52%的人认为家里有土地感觉有保障，种地牢靠、保险；64.58%的人认为生活在农村，环境好、空气清新，40.15%的人认为子女可以继承；由此可见农地对农民生活的作用非常重要，主要体现在收入来源、心理安全、生活环境、财产价值等方面。

《土地管理法》第9条规定："农村和城市郊区的土地，除由法律规定属于国家所有的以外，属于农民集体所有；宅基地和自留地、自留山，属于农民集体所有。"但农民对此的认知并不一致，如表3-14所示，只有92户、占

23.53%的农民认为农村土地属于集体所有；有116户、占29.67%的农民认为农村土地属于个人所有；有178户、占45.52%的农民认为农地属于国家所有；另外还有少部分农民不知道农地的所有权归属。造成认知差异的原因可能有两点：一是由于有些地区长期以来未进行过承包土地的调整，农户承包的土地一直归农户经营，因此，不少农户认为农地的所有权也是自己的。二是从现实来看，地方政府作为国家政策的执行者，对农地的干预过多，在不少场合取代集体而成为行使农地产权的主体，反映在征地过程中的强行征地和低价补偿，集体经济组织几乎没有和土地使用者直接讨价还价的权利；因此，在农民心中认为土地是归国家和政府所有的。不同的产权认知导致了不同的农地价值观，将从较大程度上影响农户的经营决策，表现为认为土地是自己的农户更多地对农地进行长期投资经营。

表3-14 样本农户对农地的产权认知 （单位：%）

产权认知	武汉	仙桃	宜昌	荆门	加权平均
农地属于国家和政府所有	46.79	45.21	48.94	48.94	45.52
农地属于集体所有	21.10	30.14	28.72	28.72	23.53
农地属于个人所有	27.529	24.66	22.34	22.34	29.67
不清楚	4.59	0	0	0	1.28

3.4.4.2 对征地和征地政策的态度

（1）对征地的态度

《宪法》第10条规定，国家为了公共利益地需要，可以依照法律规定对土地实行征用，这是中国实行土地征用的宪法依据。然而，对"您认为国家是否有权利征用您的土地"的提问，农户的回答却不尽相同：只有28.61%的农户认为国家有征地权，高达64.71%的农户认为国家无权征用他们的土地，少部分农户不知道或表示无所谓（回答"无所谓"的基本上都是家庭土地被征完、完全靠非农收入生存的农户）。这可能有两个原因，一方面由于宣传力度不足，农民对征地政策等相关知识不太了解；另一方面，在现实生活中，由于农户土地被征后生活福利下降的现象广泛存在，农民从主观上对国家征用土地普遍有抵触情绪。

对"您是否愿意土地被征"一问，从统计结果来看，大部分的农户（89%）表示不愿意。其原因主要是征地的补偿费太低，失去农地后不仅就业很难，而且基本生活会受到不同程度的影响，生活无保障，缺乏安全感。只有11%的农户希望土地被征用，这部分农民由于自身素质较高、年纪较轻等原因较易获得非农就业机会，有较种地更高的收入。另外希望土地被征的原因有：征地后可以有机会转为城镇户口、种地不如打工赚钱、城镇化可改变当地基础设施和公共服务条件等。

当被问："如果是公益目的（或经营目的）的征地，您是否愿意做出一定的牺牲（获得较低的补偿）"，54%的受访者愿意在公益征地时获得补偿低些，有46%的人持反对态度，他们认为不管是否是公益事业，都应该给予公平合理的补偿；而与此形成鲜明对比的是只有6%的受访者愿意在非公益征地时获得补偿低些。这说明即使在实际征地发生时农户也不会降低受偿要求，但是他们对征地的用途还是非常关注的，半数农户在心理上潜在地支持公益事业发展用地。

农户对本地征地规模的认知与村干部的判断非常一致，有34.65%的农户认为征地数量适当，50.74%的农户认为过多，仅8.91%的农户认为过少。这进一步说明了调查区域土地资源配置的低效率，也说明了农地非农化速率与当地经济社会发展的不协调。

中国法律对土地知情权、参与权作了较为具体的规定。例如，《土地管理法》要求，国家征收土地的，依照法定程序批准后，由县级以上地方人民政府予以公告并组织实施。征地补偿安置方案确定后，有关地方人民政府应当公告，并听取被征地的农村集体经济组织和农民的意见。被征地的农村集体经济组织应当将征收土地的补偿费用的收支状况向本集体经济组织的成员公布，接受监督。然而作为农地城市流转过程中的权利主体之一，农户普遍认为自己并没有知情权、参与权、选择权和异议权，即使对征地补偿有意见也难以申诉上去。在调查中，78.06%的农户认为当土地被征收时，村集体没有征询过他们的意见；89.86%的农户认为在征地补偿款的谈判中，村集体没有代表他们与相关部门讨价还价。这说明在中国现行的土地征收中，农民的知情权等合法权益并没有得到充分的保障，甚至一些地方政府漠视农民的土地权益，暗箱操作，农民对有关土地征用事务既不知情，也没有参与。

（2）对征地前后环境变化的判断

农地资源除了生产和承载功能外，还具有一些难以用市场价值来衡量的功能，如社会保障功能和生态环境功能。其中，生态环境功能包括提供自然景观、保护生物多样性、保护生态环境等，但由于农地的城市化流转，其生态环境功能随之消失。为此，许多学者致力于研究农地的非市场价值（蔡银莺等[1]，2005~2008），这对于提高征地补偿标准、维护供地方权益具有非常重

---

① 如蔡银莺和张安录（2006）在对武汉市农地资源价值的研究中得出每公顷农地资源的非市场价值为11.62万元。

要的意义。在征地后，农户的生活环境不可避免地要发生许多变化，主要表现在：自然景观被人工建筑所取代、工业化进驻农村、生物多样性受到威胁。为此，我们从社会治安、自然景观、噪音污染、空气和水质量四个方面让农户进行了主观判断，统计结果如表 3-15 所示。

表 3-15　样本农户对征地前后环境变化的判断　　　单位:%

对环境变化的判断	是	否	和以前一样
社会治安是否较以更差	35.33	22.83	41.85
空气和水质量是否下降了	76.25	20.05	3.69
是否有更多的噪音污染	81.48	15.87	2.65
自然景观是否遭到了破坏	80.37	16.18	3.45

农户不可能像学者那样科学推测农地非市场价值的大小，他们考虑的更多是环境变化对生活环境带来的种种变化。由表 3-15 我们看出，农户对社会治安变化的判断有较大差异，这可能是由于区域不同造成的，而绝大多数农户都认为城镇化和工业化给他们的生活带来了废水、废气、废渣和噪音，并且破坏了原来的田园风光。这说明大多数农户仍然愿意过原来那种宁静和无工业污染的生活，农地城市流转导致了他们的生活环境变差。访谈中，有部分农户表示从心理上还是能够接受公益性征地和房地产开发征地对生活环境的改变，因为一方面可以整治村庄环境，改善道路、交通、通信等基础设施，使生活更加便利。另一方面还可以营造人文氛围和现代气息；但他们十分不欢迎工厂进驻村庄，因为工业污染会破坏原有的生态平衡，造成环境质量下降。

（3）对现行征地政策的态度

与征地态度非常一致的是：对国家的土地征收政策感觉不满意的农户占样本总数的 89.11%，持满意态度的农户仅仅占 3.48%。部分农户认为，国家的意图和政策是好的，但到了下面往往就会变差。这有力地说明了我们有必要对现行的征地补偿制度和政策加以深刻的反思。样本农户期待土地征收政策从以下几个方面加以改进，如表 3-16 所示。

表 3-16　样本农户希望土地征收政策的改进方面

改进方面	占不满意人数的比例/%
村组织能直接代表村民直接与地方协商谈判	10.97
鼓励村民参与征地谈判，如果村民不同意，征地就不能进行	16.46
集体土地以地入股分红的方式，能长期获得收益	11.87
公开公平分配征地补偿费用	27.10

改进方面	占不满意人数的比例/%
组织被征地村民非农就业培训，增强劳动技能	10.30
完善被征地村民的社会保障措施，加大社会保障力度	21.84
其他	1.46

注：选择"其他"的原因有：补偿不及时、不到位；对乡、镇、村级政府不满意；提高补偿标准；生产效益高的土地不应被征；必须留够家庭食物供给地；家里土地已完全征完，感觉无所谓等

由表 3-16 可以看出，公平问题仍然是农户最关心、最希望解决的问题，这不仅表现为大多数农户希望能公平地分享到土地增值收益（98.88% 的农户认为分给农民的青苗费、地上附作物补偿费和部分安置费应该提高，43.38% 的农户认为给集体的土地补偿费和部分安置费应该提高，44.00% 的农户认为应该减少对集体的分配，而建议地方政府获得的土地出让金以及在土地征收过程中以税费形式获得的收益应该降低的农户占样本总数的 85.67%），而且也表现为希望自己有公平参与征地谈判的权利；在农地城市流转的过程中，各权利主体应该有平等的权利参与从谈判到分配的各个环节，农民不应该是被动的接受者。另外，考虑到征地后的生活稳定，21.84% 的农户希望能完善被征地村民的社会保障措施，并加大保障力度。

在调查样本中，各有 6 个农户在征地后获得了土地出租或入股的补偿方式，仅占样本总数的 3.06%，而绝大多数农户获得的都是一次性征地补偿，这和他们的主观愿望相差甚远。在调研中，选择土地换保障的农户最多，占样本总数的 32.58%（图 3-3）；其次是选择土地入股分红的农户，占 24.56%；选择土地入股和土地换就业的农户分别占 17.29% 和 17.04%；只有 8.52% 的农户选择了一次性征地补偿。这不仅进一步说明了土地对农民的重要性，而且也反映了农户对失地后生活保障问题的担忧，他们期待社会保障的改善，期待其他的就业途径，并希望能以土地出租和入股的方式长期获得与市场价值相一

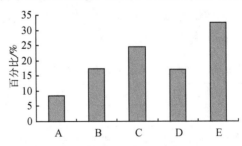

图 3-3　样本农户对征地补偿方式的选择

注：A、B、C、D、E 分别代表一次性补偿、土地出租、土地入股、土地换就业和土地换保障

致的土地收益（而不是一次性买断），以保证将来的生活福利不会下降。

3.4.4.3 征地的价格意愿

在调研区域中，自 2002 年以来有 98% 的农户家庭土地被征，平均每户被征次数为 2.1 次，其中 82% 的征地是采取征收的方式，即转移了土地所有权，18% 是征用。样本农户平均每亩获得的补偿费为 11 643.17 元，这包含了分得的劳力安置费、青苗和地上附着物补偿费及少量的土地补偿费。要说明的是，由于本次调查中几次征地都发生在几年前，当时获得的补偿较低，拉低了平均的补偿水平。尽管这些年来国家不断加大失地农民补偿力度，农民实际获得的补偿金额有所提高，但是整体提高幅度不大，农民利益仍然受到较大地损害。只有 12% 的农户获得的亩均补偿费高于 20 000 元，而 20 000 元只是城市里面一个普通公务员一年的工资收入。

如图 3-4 所示，在领取到征地补偿费用后，农户一般都将之运用到日常生活开支、小孩教育、住房条件改善等紧缺方面，而极少有人考虑投资经商、购买保险、银行储蓄等关系长远生存和发展的方面。这说明有限的征地补偿款仅能在短时间内解决农户眼前的生活所需，而远远不能改善农户未来的生活福利。

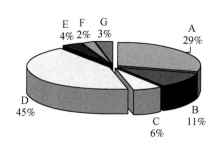

图 3-4　样本农户征地补偿费的主要用途

注：A 表示盖房；B 表示学费；C 表示存银行；D 表示日常生活花费；E 表示经商；F 表示购买保险；G 表示其他（在这一选项，农户的自由填写内容主要有：还债、看病、支付种地成本、几乎没有什么补偿等）

我们同样运用意愿调查法考察了农户的接受意愿（WTA）。对"为了保障您的生活水平在征地后不下降，那么您认为可以接受的补偿价格每亩最少是多少钱？"的提问，382 个农户（占样本总数的 97.7%）根据征地后的生活需要对 11 个投标值做出了选择（考虑到受访者可能有更高的接受意愿，我们设置了自由投标值选项）。根据统计，样本农户希望每亩农地的最低补偿价格是 8.22 万元（对不同地类计算的平均值），尽管由于文化水平方面的限制，农民不可能对农地的社会价值和环境价值做出精确地估计，但农户的接受意愿均远远高于农户实际获得的征地补偿。还有少部分农户表示无论政府补偿多少钱都不愿意土地被征。

为了弄清影响农民接受意愿的主要因素，我们把 WTA 投标值作为因变量，把所在区域人均国内生产总值（预期作用方向为 +，后面括号内含义相同）、距离省会城市距离（–）、距离市中心距离（–）、户主年龄（±）、性别（±）、文化水平（+）、家庭规模（+）、土地产权认知（+）、是否还有土地（+）、农户家庭月生活开支（+）、上一次征地亩均补偿水平（+）、土地用于粮食生产亩均收益（+）12 个因素作为解释变量，运用多元回归模型进行统计。回归结果显示[①]：有 4 个解释变量分别在不同的显著水平上通过检验。一是区域人均 GDP 和 WTA 呈负相关，这并不意味地区经济越发达，农民的接受意愿就越低，而是因为地区经济发展水平和农民福利水平不一定是一致的，区域经济发展水平对农地并不具有替代效应。也就是说，农民可能并没有多少机会分享到地区经济发展的成果，否则他们会降低接受意愿的投标值。二是上次征地补偿水平与 WTA 呈正相关，这说明政府过去的补偿标准会潜在地影响到农民对接受意愿的赋值，部分农户接受补偿的要求是：至少不能低于上次补偿标准。三是离省会城市的距离与 WTA 呈显著的负相关，这说明距离越远，农户的接受意愿越低。四是离最近城市中心的距离，也呈显著的负相关，距离越远，接受意愿越低。这基本都符合我们的理论假设和相关经济原理。

---

① WTA $= f$（(1)，(2)，(3)，(4)，(5)，(6)，(7)，(8)，(9)，(10)，(11)，(12)）

运用多元线性回归模型进行分析，得到 WTA 值的变量回归结果：

变量	预期作用方向	系数	T 值	显著性
常数	+	179 791.9	4.667	0 ***
(1) 人均 GDP	–	– 2.69	– 3.299	0.001 ***
(2) 距省会城市距离	–	136.456	– 3.660	0 ***
(3) 距市中心距离	–	– 3 488.106	– 3.532	0 ***
(4) 户主年龄	±	– 296.423	– 0.691	0.490
(5) 性别	±	– 1 816.201	– 0.176	0.860
(6) 文化水平	+	– 126.874	– 0.07	0.944
(7) 家庭规模	+	3 173.312	0.956	0.340
(8) 土地产权认知	+	– 642.554	– 0.064	0.949
(9) 是否还有土地	+	– 5 606.216	– 0.538	0.591
(10) 家庭每月生活支出	+	2.563	0.462	0.645
(11) 上次征地亩均补偿额	+	1.154	2.422	0.016 ***
(12) 粮食生产亩均收益	+	– 0.6	– 0.308	0.758

*** 表示 5% 的显著水平，** 表示 10% 的显著水平，* 表示略低于 10% 的显著水平

3.4.5 农户社会保障情况

社会保障体系对于失地农民来说，具有极其重要的作用，因为，如果社会保障体系能够替代土地的社会保障功能，农地城市流转将不会带来农户的福利水平下降，即使在农户失去非农岗位的时候，家庭生活也不会陷入困境。为此，我们从养老保障、医疗保障、最低生活保障、教育保障和再就业保障五个方面对调查区域的农户进行了调查。

在所调查的177户家里有60岁以上（女55以上）老人的家庭中，分别主要采取子女赡养、自己劳作、养老保险和自己积蓄的养老方式的样本数各占总样本数的20.2%、48.7%、15.2%、12.4%，少部分农户靠自己的退休金生活，可见，靠自己劳作的农户占大多数。许多农户认为由于家庭经济收入情况不乐观，自己并没有什么积蓄，子女生活也不易，尽管每月都能领到60~120元不等的养老金，但仍不够生活所需，因此在还没有完全丧失劳动能力前，只能靠自己的劳作养老。一旦失去了劳动能力，71.03%的农户希望把承包地给子女耕种，20.56%的农户希望将土地有偿转租转包，而把它免费给他人耕种和让村里收回的农户仅占8.41%，这说明承包地在农户失去劳动能力后所起的养老保障功能依然十分重要。

当被问"您生病后，会马上去看病吗?"，有27.7%的农户回答不会，要等实在熬不住了才去，原因是怕花钱。如果去看病，62%的农户选择去私人诊所或药店，治不好才去乡镇卫生所或县市级医院，原因是在私人诊所或药店看病比较便宜，尽管在这些地方看病不能够被报销医药费。有31.5%的农户家里仍然有负债，负债的原因主要有：建房，占42.4%；孩子上学，占29.2%；生病，占17.4%；生产经营，占8.3%。

关于孩子教育方面，92.85%的受访农户认为家庭经济状况可以完全承担或基本承担孩子小学和初中阶段的学费和生活费，68.58%的农户认为可以完全或基本承担孩子高中阶段的学费和生活费，而可以完全或基本承担孩子大学阶段的学费和生活费的农户只占24.14%（图3-5）。这组数字的变化说明一方面中小学阶段的学费相对大学的较低，另一方面充分体现了国家对农村义务教育的扶持力度正在逐

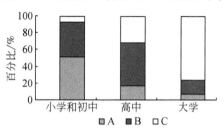

图3-5　农户对孩子的教育支付能力

注：A、B、C分别代表能完全支付、基本能支付和不能支付

步加大，中国基本实现了义务教育阶段的教育公平。

综上所述，虽然绝大多数老龄农户享受到了养老保险，所有被调查者参加了新型农村合作医疗，并且有少部分家庭困难者享受到了最低生活保障，但因各种保险支付标准偏低，农户普遍对这些保险体制不满意。如合作医疗保险的赔付比例仅为医疗费用中可报销部分的 10%~20%，与城镇职工的医疗保险不可相提并论。因此，当问到"您的土地被征收后，除了得到征地补偿款，还需要政府提供哪些基本的社会保障（可多选）"时，有 92% 的农户希望得到最低生活保障，并希望每月最低生活费在 500 元左右；89% 的农户希望同城镇职工一样达到一定年龄后每月可领取 400 元的养老金；希望同城镇职工一样遇到大病可以报销 80%~90% 医疗费的农户占 95%；希望得到失业保障，失业后政府至少提供失业保障金的农户占 94%；14% 的农户还希望政府加大对基础教育的投入。

尽管失地农户已经充分认识到保险的重要性，也有 80% 以上的农户认为有必要购买一定量的商业保险，以保障长期生活，但是，他们中 92.33% 的人回答由于家庭经济条件不好，没有购买商业保险，并且有 58.85% 的人尚没有到银行或保险公司购买相关的医疗保险或养老保险的想法。这说明在农户现有的经济条件下，通过自费购买商业保险来解决他们失地后的长期生活问题是不太可能实现的，那么则需要政府在土地征用时将农民纳入到社会保障体系中，并加大社会保障力度。

3.5 本章小结

1）农地城市流转给集体经济组织带来了双向的挑战，一方面村内交通、通信等基础设施和区位条件逐步改善，对外招商引资更具有吸引力。另一方面，在农地资源不断减少的同时，村级经济来源和农村剩余劳动力也正经历着"非农化"的转变，然而由于用工制度、就业培训方面的缺陷使农村劳动力转移并不顺畅，失地农民无法分享农地城市流转后带来的社会福利的增值。

调查区域中，非公益性征地和以非国家名义征地在总征地次数中占有较大比重，说明农地流转后巨大的增值收益是促使征地现象不断发生的巨大动力。67% 的村干部认为当地的征地规模偏大，部分征地没有得到很好地利用，反映了土地资源配置的低效率。

农村社会保障体系尚不健全，村集体在征地后获得的安置补偿费和土地补偿费用难以维持更大的保险支出，还需要政府政策的扶持和更多的资金投入。农村最低生活保险需要实行动态管理，即不断把符合保险要求的人纳入到该体系中。

2）随着城市化的发展，农户中有非农收入的群体越来越大，但只有12.33%的人认为目前的家庭收入比征地前增加了，76.90%的人认为减少了，这说明农民并没有多少机会分享资源重新配置后增加的社会福利，今后很长一段时间之内，农民对土地的依赖都不会从根本上得以缓解（虽然会有所减弱）。

农民工外出务工的基本方式依然是依托地缘、亲缘来展开的，这和他们的意愿就业途径偏差很大，87.17%的农户在征地后没有被组织参加过任何就业培训。即使找到了非农工作，也因为技术含量低、工作环境差，收入状况不容乐观。兼业农耕（part-time farming）是当今农业的一种流行特征（冯海发，1988），这种特征在城乡生态经济交错区尤为突出。

绝大多数受访农户认为在征地时村集体没有代表他们和用地方进行讨价还价，更没有征询过他们的意见，有33.1%的农户则表示完全不知道土地征收信息和财务分配状况。正是由于土地征收信息和相关财务信息的不公开，为基层政府的暗箱操作提供了便利，从而造成了土地补偿费的流失。这说明现有的土地补偿费的分配仍难以有效增加农民福利。甚至有40.41%的农户认为村级组织没有存在的必要，或者认为村级组织存在与否无所谓，主要原因是认为村委会起到的作用不大，仅维护了自身利益，克扣了应分给农户的土地补偿费。55.50%的农户认为村集体无权参与分配征地补偿费，那些认为村级组织有权参与征地补偿费的农户普遍认为村级组织只能分得15%的土地补偿费（实际情况是：村集体分得了征地补偿费的36%~45%）。造成这些现象的原因可能有两点：一是农户获得的补偿费偏低使他们将"愤怒"转嫁于村集体，认为是村级组织留用过多造成的；二是有些村级没有向村民公开土地征用信息和相关财务信息，村干部拖欠、截留、挪用征地补偿款项的确实存在，引起了广大农户的不满[①]。

农民支持国家公益建设，但对土地征收政策不满。农民没有公平参与征地谈判和补偿分配的权利，这意味着在土地征用（收）环节，不管被征土地以后做何用途，升值程度如何，均与被征地农民无关。由于缺乏完善的社会保障体系，农民对土地仍寄以很高的长期经济收益和社会保障的期望。征地后农户经济收入变化、生活环境的变化和享有的社会保障措施进一步说明了农户生活福利的下降。

---

① 从谭日辉在2004年8~11月期间对全国的调研结果来看，征地过程中农民与村干部的冲突有108起，农民与乡镇干部的冲突有43起。

3）用 CVM 法测算出的村干部和农户的 WTA 为今后逐步提高补偿标准提供了理论依据。由于现实方面的原因，没有测算 WTP，根据众多学者的研究结果，WTP 应较 WTA 更加接近实际补偿价格。另外，CVM 方法的使用要求严格的条件，这些条件包括情景的描述、投标值的设置、估值方法的选定、偏误的消除等，本书在今后的研究深度方面还需要拓展。

第4章
农地城市流转与社会福利变化：
宏观角度

本书第3章在实地调研的基础上从经济收入、劳动力转移、心理感受、环境变化和社会保障等方面分析了集体经济组织和农户在征地前后的福利变化，这属于相对微观层面的分析。从宏观上来看，土地资源作为人类不可替代的自然资源基础，其数量和质量特征决定着一个国家社会经济的可持续发展。改革开放以来，伴随着经济增长、产业结构的调整，土地利用结构也发生了巨大的变化，大量土地从农业部门转移到非农产业部门，这一方面支撑了国民经济的全面发展，另一方面却造成了耕地资源的大量损失，本章将从国家的宏观层面来考查农地城市流转的社会福利效应。正如任何一项事物都有正反两面，每一项经济活动都会给社会福利带来正效应和负效应，本章从定性分析农地城市流转的正、负福利效应入手，进一步测算农地城市流转带来的社会福利损失量（或增加量），从而判断农地城市流转的社会福利效应（图4-1）。

4.1 农地城市流转的正社会福利效应

4.1.1 农地城市流转中正社会福利效应产生的经济学分析

在古典经济学中，土地就被认为与资金和劳动力一样是支持经济增长的三大要素之一。作为国民经济生产中的一种重要生产要素，土地与国民经济的关系最主要的为土地供给对于经济的保障作用。新古典增长理论对土地与经济增长的关系作了更深入细致地讨论，从不同的侧面分析土地要素在经济增长过程中的重要地位与作用。中国经济已经进入了世界上比较公认的"增长加速"时期，增长的加速器表现在两大引擎上，即工业化和城市化。因此，有许多学者已经关注经济增长与土地非农化的关系问题。

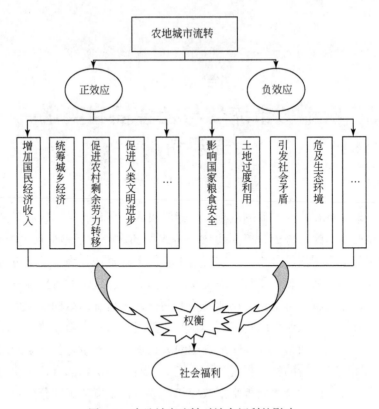

图 4-1　农地城市流转对社会福利的影响

4.1.1.1　建设用地对经济的贡献率

大量研究证实，柯布 – 道格拉斯（Cobb-Douglas）生产函数（C-D 生产函数）是目前测算要素投入对经济增长贡献率最成熟的方法之一。为此，可选用如下的 C-D 生产函数式来测算非农建设用地对经济增长的贡献率，即

$$Y = AK^{\alpha}L^{\beta}\mathrm{Land}^{\gamma} \tag{4-1}$$

式中，Y 为 GDP；A 为常数项，代表技术贡献率；α、β、γ 分别为资本投入 K、劳动力投入 L 和土地投入 Land 的生产弹性。

式（4-1）中的 K 用资本存量表示，劳动力 L 用当年的绝对劳动力数量表示，不考虑人力资本的因素，数据均来源于相应年份的《中国统计年鉴》。

对式（4-1）取对数，得到

$$\log Y = \log A + \alpha \log K + \beta \log L + \gamma \log \mathrm{Land}$$

由于它的对数形式是一个线形函数，设 $\log Y = Y'$，$\log A = A'$，$\log K = K'$，$\log L = L'$，$\log \mathrm{Land} = \mathrm{Land}'$，代入上式，可得

$$Y' = A' + \alpha K' + \beta L' + \gamma \mathrm{Land}' \tag{4-2}$$

这样，就有可能用回归分析方法对参数 α、β、γ 进行估计。由于 α、β、γ 分别是 K、L 和 Land 的生产弹性，如果 K 增长 1%，产量将增长 α%，如果 L 增长 1%，产量将增长 β%，如果 Land 增长 1%，产量将增长 γ%。这样，只要把参数估计出来，就很容易根据 α、β、γ 的变化来测算 Y 的变化。正因为 C-D 生产函数具有以上重要特征，所以，利用它来估计弹性系数就十分方便。

$$\text{建设用地贡献率} = \text{建设用地增长的百分比} \times \text{弹性系数} / \text{经济增长的百分比} \tag{4-3}$$

$$\text{平均边际产出} = \frac{\text{弹性系数} \times \text{研究期间平均 GDP}}{\text{研究期间平均建设用地数量}} \tag{4-4}$$

根据回归得出的建设用地对 GDP 增长的弹性系数如表 4-1 所示。

表 4-1　中国不同省份建设用地弹性系数、经济贡献率和平均边际产出

区　域	省　份	建设用地弹性系数	建设用地对经济的贡献率/%	贡献率的平均值/%	平均边际产出/（万元/公顷）
东部	浙江	0.754 9	14.70	1.85	63.63
	江苏	2.131 7	10.96		
	山东	1.278 3	6.89		
中部	四川	0.699 2	10.18	8.75	16.50
	江西	1.037	9.03		
	湖南	0.602 1	7.03		
西部	云南	0.856 7	13.62	7.79	13.60
	贵州	0.186 1	5.96		
	陕西	0.615 1	3.79		

资料来源：陈江龙等，2004

甘藏春（2007）的研究也表明：建设用地面积对经济增长弹性系数（coefficient of elasticity）为 0.5592；对国民经济增长贡献率为 31.47%，超过了劳动力要素的贡献率；建设用地面积对第二、第三产业增加值年均贡献度达到 3.31%，高于劳动力要素的贡献度。

因此，当土地从生产效率较低的农业部门重新配置到边际生产率相对较高的城市用地部门时，将增加对国民经济的贡献率。

4.1.1.2　土地非农利用的比较优势

不同的土地利用方式会带来产出效益的差异。如表 4-2 所示，城镇用地的经济效益分别是耕地、果园地、淡水养殖的 11 倍、3.5 倍和 2.1 倍。

表 4-2 不同类型土地利用效益

土地类型	耕地	果园地	淡水养殖	乡企用地	城镇用地
纯收入/（元/公顷）	10 500	37 500	22 500	19 500	115 500

资料来源：伍黎芝，2000

另据曲福田等（2003）的研究表明：1991 年江苏省和安徽省单位建设用地产出效益与耕地产出效益之比分别为 14.18 和 7.21，到 2001 年该比值增加到 26.74 和 17.27。因此，在一定条件下，土地的非农利用比农业利用更具有比较优势，相同的土地资源投入农业所获得的经济收益低于投入非农业所获得的经济收益。中国农地大量转为非农建设用地的原因除了不可避免的自然变化和合理的工业化城市化进程等因素外，其深层次根源是农地利用比较效益低下（张安录，1999；蔡运龙和霍雅勤，2002），可以认为，农地城市流转是比较优势的驱动结果。

根据李嘉图的比较优势理论，可以用成本法、效益法、指标综合法来度量比较优势，因此运用单位面积上的产出效益来衡量土地利用的空间比较优势是符合李嘉图思想的。土地利用的比较优势（非农利用相对于农业利用）的计算公式为

$$土地利用的比较优势 = \frac{非农业土地利用的平均收益}{农业土地利用的平均收益}$$

式中，非农业土地利用效益用单位居民工矿用地的第二、第三产业增加值来衡量，其数据可来源于各年份的国土资源综合统计年报；农业土地利用效益用农业增加值来衡量，其数据可来源于相应年份的《中国农业统计年鉴》。表 4-3 运用 1990 ~ 2001 年的数据来计算中国东、中、西地区土地利用的比较优势，其中所有的产值都换算成 1990 年的现值。

表 4-3 土地利用效益和比较优势

地 区	省 份	建设用地产出 A /（元/公顷）	耕地产出 B /（元/公顷）	比较优势 = A/B
东部	浙江	427 618.73	6 972.11	61.33
	江苏	268 302.37	4 613.22	58.16
	山东	184 926.47	4 769.61	38.77
中部	四川	110 794.17	3 783.43	29.28
	江西	127 478.96	3 707.80	34.38
	湖南	123 796.95	4 761.77	26.00

地 区	省 份	建设用地产出 A / （元/公顷）	耕地产出 B / （元/公顷）	比较优势 = A/B
西部	云南	120 966.88	1 722.27	70.24
	贵州	77 467.45	1 569.63	49.35
	陕西	93 282.67	1 639.21	56.91
全国平均		178 127.30	3 414.34	52.40

资料来源：根据陈江龙的研究成果《农地非农化效率的空间差异及其对土地利用政策调整的启示》计算整理

由此可见，中国经济的稳定增长是需要将更多的农地资源转变为建设用地，如果能够很好地控制农地非农化的"度"，其结果必然是提高土地生产效率，增加社会的公共福利，并实现土地资源的可持续利用。

4.1.2 农地城市流转中正社会福利效应的主要表现

城市建设用地对国民经济的贡献率以及相对于农业农地的比较优势表明：合理的农地城市流转将促进土地资源的高效配置，增加社会福利，主要表现在以下几个方面。

4.1.2.1 城市土地供应促进了国民经济的快速发展

马克思曾指出：土地是"一切生产和一切存在的源泉"，威廉·配弟（W. Petty）也曾说过"土地是财富之母"。土地不仅是作为"资源"、"场所"来发挥生产功能，而且也作为一种"资产"、"财产"来发挥资本供给与社会稳定功能。土地供给是国民经济运行的基础保障。城市土地在经济增长中的作用是显而易见的。如图 4-2 所示，中国 GDP 和固定资产投资同城市建设用地面积一样呈上涨趋势，可见农地非农化的波动性与经济增长周期基本一致。据统计，1986～2002 年，全国每年约有 16.84 万公顷的耕地转化成非农用地，这说明中国现阶段经济的高速增长离不开土地投入要素的增长。

国内许多学者都非常关注土地供给与经济增长的关系。黄宁（1999）、郭贯成（2001）通过研究得出建用地供给与经济发展存在正相关性，丁成日（2006）运用生产函数计算出：每增加一亩城市用地对城市经济的直接贡献率是 1.7 万元人民币，还不包括可能存在的巨大诱发影响（溢出效应，如FDI——外商直接投资等），这比每亩农地的边际生产效益要高出很多，从这

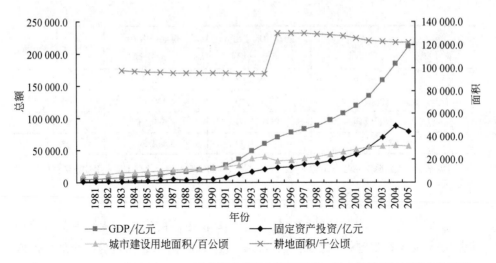

图 4-2　1980～2006 年中国 GDP、固定资产投资和耕地面积、城市建设用地面积变化情况
注：为了使不同计量单位的项目有可比性，做数据统计时，将计量单位进行了调整

个意义上来说，农地城市流转带来了增值收益，提高了土地利用效率。蔡枚杰和陈亮（2005）对浙江省 11 个地级市的实证研究表明：建设用地增加投入对第二、第三产业的国内生产总值的增长弹性系数都在 0.3% 以上。童立里等（2007）计算出从 1995～2004 年农地非农化对四川经济增长的贡献率平均为13.52%，从而得出农地大量转化为建设用地是四川经济增长的一个重要源泉的结论。李晓龙（2007）的研究也表明，土地非农化与经济发展有着较强的相关性。

另据统计，房地产开发投资对 GDP 增长的直接贡献在中国大约为 1.3 个百分点，再加上间接贡献估计可达到 1.9～2.5 个百分点。正如人们常说："房地产业是国民经济的晴雨表"，房地产业在拉动经济增长、优化产业结构、提高聚集效益、改善人民居住环境、促进城市建设各方面都起了重大的作用。而土地供应是房地产开发的平台，因此，经济的快速发展需要更多的城市建设用地。

总之，根据世界范围内的研究成果，城市化水平和人均国内生产总值之间有着密切的相关关系。又如庇古所说："经济福利和国民收入是对等的，对其中之一的内容的任何表述，就意味着对另一内容的相应地表述。"按他的观点，国民收入量的增长、国民收入的分配以及国民收入的变动都关系到全社会福利的变动。

同时许多经济学家还讨论了土地改革在经济增长中的重要性，认为土地改革通过挖掘土地、劳动力等农村产业中的富余要素，释放出巨大的生产力从而支撑经济的迅速成长（Hausmann et al.，2004）。正因为如此，土地调控成为了国家宏观调控的重要手段之一。国家必须通过土地供给限制，引导各产业的发展规模及相互之间的比例结构，把有限的土地运用到国民经济最需要的行业、促进国民经济的可持续发展。并针对土地利用出现的问题，适时制定各种法规文件，为促进土地市场的健康发展起到保障作用。

4.1.2.2 农地城市流转促进了城市化的快速发展，统筹了城乡经济

城市化作为人类社会发展的共同规律，是任何国家和地区都必然要经历的历史过程。一个国家或地区选择什么样的城市化道路，不仅关系到其城市化进程能否顺利推进，而且还对城市的空间布局和功能形态产生直接作用；更重要的是，还将对其社会文明的整体变迁产生深远影响。实践证明：中国城市化必须要走城乡经济统筹发展的道路。城乡经济统筹发展是中国"三农"问题的根本出路，没有城乡经济的统筹发展，就没有国民经济协调、可持续的发展。

然而，中国城乡二元分割的体制环境阻碍了城市化的快速发展。国家经济建设需要有大量的城市建设土地，但一方面由于城市土地资源非常紧张，城市的国有建设用地和工业用地控制很严。而另一方面农村的集体产权建设用地布局分散、缺乏规划、粗放利用、浪费严重。为此，在积极盘活城市的国有存量建设用地的同时，也要努力探索改变集体产权建设用地的粗放浪费现象，实行集中配置农村宅基地、林盘地等非耕地资源，将其置换为城市建设用地，开辟建设用地供给第二来源。据统计，农村土地中的非耕地大约占农用地总量22%~30%。若拆并、搬迁、集中修建住宅，可以腾出近2/3的农村集体土地中的非耕地。另外，中国的家庭联产承包责任制度使得农户土地分散、零碎，小规模的家庭农业难以利用先进的农业生产技术，土地被限制在以家庭为单位的狭小范围，不能通过合理流动来实现土地资源的合理配置和有效利用。为此，通过加快城市化，统筹城乡土地资源配置，一方面可以促进工业向园区集中，实现工业与环保的协调发展；另一方面可以使农民向城镇集中，实现城乡协调发展；同时，使得剩余农地向业主适度集中，促进农业集约化、规模化经营。以这"三个集中"为突破口，优化土地资源配置，推行城乡一体化战略，因此，集体建设用地进入土地市场流转是城乡统筹发展的内在需求和动力。

4.1.2.3 农地城市流转促进了农村分工分业的发展

根据第五次全国人口普查的结果，中国有8.1亿人居住在农村，占中国总人口数的63.91%。而农业部课题组运用劳动力合理负担耕地法测算出中国现阶段农业部门需要的合理劳动力数量约为1.96亿人，那么，现阶段中国农村

剩余劳动力高达 2 亿人左右。随着农业集约化经营程度的提高，如果按照发达国家的技术与管理水平从事农业生产，中国种植业只需 4000 万~5000 万人，中国农村剩余劳动力将增加到 3.5 亿人。农业人口过多不仅会造成农业生产效率低下，还会导致农民贫困并影响农村稳定。因此，中国"三农"的最大问题莫过于农村剩余劳动力的转移问题（王爱民，2004）。

农民失去赖以生存的土地后，只能向外寻求发展。因此，农地城市流转能促使大量农村剩余劳动力从农村分离出来，投入到城市的第二、第三产业发展中，为现代化建设作出更大的贡献。在一些城乡经济交错区，有些农民受到土地非农利用和农业利用间比较利益的驱使，加上自身素质较高，他们自愿放弃耕地，加入到农民工的行列中，在城市的发展进程中谋取更好的发展。城市"拉力"和农村"推力"的共同作用促进了农地的城市流转。实践证明，土地城市流转有利于土地生产要素的优化组合，有利于农民分工分业，拓宽农民收入渠道，增加农民收入。据测算，今后 15 年，若能通过实施积极的城镇化战略，使农村人口减少 30%，在其他条件都不变的情况下，农村的人均收入可增加 30%（王爱民，2004）。还有学者指出，要让失地农民真正分享到城市化带来的社会福利增加，必须使更多的农民转变为城市人。

目前，中国农业剩余劳动力转移的总趋势是，从农业向非农产业转移，从农村向城市转移，从落后地区向发达地区转移（占俊英，2004）。

转移农村剩余劳动力是中国全面实现小康社会的前提，农地城市流转能够促使人口不断由农村向城市转移，推动城市化水平不断提高，既是社会发展的一种趋势，更是一种社会进步。

4.1.2.4 农地城市流转改善了区域公共服务设施，促进了人类文明不断进步

首先，农地被征用后，地方政府和土地使用者（开发商）为提高区位竞争力，将致力投资改善区域的道路、交通、机场、通信网络等基础设施和学校、医院等公共服务设施，这不仅有利于招商引资，促进区域经济发展，也使当地人们能够快捷地享受到现代化的教育、科技、文化、卫生和医疗服务。从此，村村通公路、公交、电话和网络，农民不用再跑很远就能看病、上学、就业和购物，农民生产生活条件明显改善。最终，将逐步形成城乡一体的基础设施和公共服务体系。

其次，在村级基础设施和公共服务体系得到改善的同时，地方政府为平稳转移剩余劳动力，一方面将切实加强农民的教育培训，着力培育新型农民，不断提升农民的创业、就业能力；加强农村经营管理、专业技术等乡土人才的培养，努力造就一批有文化、懂技术、会经营的新型农民；引导农民崇尚科学，

移风易俗，树立先进的思想观念和良好的道德风尚，养成健康文明的生活方式。另一方面，随着农村公共服务体系和教育、卫生、文化等事业取得新进展，将有许多劳动密集型农村中小企业（乡镇企业）在区域内产生，这将吸引剩余劳动力的当地再就业。

最后，通过土地开发整理可以整治农村有些地方的"脏、乱、差"现象，彻底解决农村粪便、垃圾、生活污水等处理问题，创建绿化、清洁、舒适的公共环境，改善村容村貌。这和党在十六届五中全会提出的建设社会主义新农村的战略目标——"乡风文明、村容整洁"是完全一致的。

所有这些都意味着城市文明程度的进一步提高。

4.2　农地城市流转的负社会福利效应

4.2.1　农地城市流转中负社会福利效应产生的经济学分析

如图 4-2 所示，设 S_0 为没有政府强制的低价征地情况下的农地征收供给曲线，D_0 为该情况下农地征收的需求曲线，此时供需均衡点为 E_0，对应的均衡数量和均衡价格分别是 Q_0 和 P_0；由图 4-3 可以看出，市场机制下农地征收的均衡点在 E_0 处，此点的供需平衡主要依靠市场这只"看不见的手"来有效控制，被征收的土地数量可以反映实际需求，对土地资源配置起到有效调控作用。

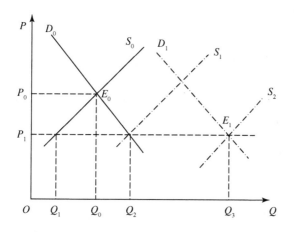

图 4-3　征地负社会福利效应产生的经济学分析

然而在现实生活中，地方政府出于自身发展的考虑，为了完成地方的资本原始积累，在征地的过程中并没有按照市场价格来确定征地的费用，而是利用政府的强制力压低征地成本，设政府确定了一个较低的土地征收补偿水平 P_1（即征地价格，包括地方政府付给集体和农民的土地补偿费、安置补助费、青苗和地上附着物补偿费），此时，假如存在农民自行调节供给土地的可能，他将依据自身效益最大化的考虑将土地征收供给数量调整到 Q_1，然而此时政府的需求量是 Q_2，政府依靠其行政强制力迫使农民以 P_1 的价格供给土地数量 Q_2。于是，土地征收的供给曲线被迫由 S_0 移动到 S_1，相比正常情况下的土地供给数量，土地供给增加了（$Q_2 - Q_1$）。过低的征地补偿费与农地转用后增值收益之间的巨大差额会驱使地方政府和开发商产生更多的农地征收需求，使得正常情况下的需求曲线向右上方移动，形成在低价征收的情况下农地征收的需求曲线 D_1。可以预见，在土地征收水平保持不变以及政府强制力的影响下，土地的供给曲线会进一步向右下方移动，直到达到新的需求曲线下的均衡点 E_1，此时农地征收数量进一步增大到 Q_3，这样供给和需求的不断扩张使得土地征收过多、过滥，征收后的土地得不到最佳利用，造成土地资源利用的不经济和低效率。可见，地方政府利用土地征收的强制力压低征地成本，是土地征收后利用不合理、效率低下的根本原因。

众所周知，土地征收的需求数量取决于土地征收的价格，如果土地征收价格较高，必然会减少用地者对农地征收的需求，这样就会有利于农地数量的保持；相反，如果土地征收价格较低，用地者就会相应增加对农地征收的需求，将会不利于农地数量的保持。然而，由于现行的征地补偿标准过低，加之政绩的诱使以及经济增长的压力，政府农地非农化的过度需求很难得到有效抑制，导致农地尤其是耕地数量的大量减少，呈现出一系列的负外部性效果。

4.2.2 农地城市流转中负社会福利效应的主要表现

过低的征地补偿费使得政府在从征地过程中得到了大部分土地增值收益的同时，也使得外部成本增加，减少了社会福利，阻碍了各地城市化和工业化的进程，主要表现在以下几个方面。

4.2.2.1 农地非农化速度过快，耕地面积锐减，威胁中国的粮食安全

粮食安全关系到社会稳定、国民经济建设等一系列问题。最早提出粮食安全概念的是 1966 年 4 月联合国粮农组织（FAO）在罗马召开的联合国世界粮食会议上，即粮食安全的最终目标是确保所有的人在任何时候能买得到又能买得起为了生存和健康所需要的基本食品。耕地资源是农业生产最基本的物质条件，它在数量和质量上的变化必将影响到粮食生产的波动，从而影响到粮食有

效供给及粮食安全水平。保护耕地以确保粮食安全，是所有大国经济的底线。中国是世界上头号人口大国，约占世界人口的22%，而耕地面积却只占世界耕地总面积的7%，因此在中国保护耕地、保障粮食安全更具有确保国家安全的战略意义。

然而，随着人口不断增长，工业化和城市化进程加速，在市场经济体制下，受经济利益的驱动，农业比较利益低下最终会导致耕地资源向效益较高的非农业领域流动。农地耕地资源非农化利用的趋势加剧，人均耕地资源拥有量不断降低。据最近由国家土地管理局公布的调查数据，1986～1995年的10年当中，仅非农建设平均每年就占去耕地46.67万公顷，中国目前人均耕地面积仅0.11公顷，还不及世界平均水平的1/3（保护耕地问题专题调研组，1997）。改革开放以来中国的耕地呈直线递减的趋势，这种趋势还在加快，短期内可能无法逆转（陈江龙，2003）。城镇建设、基础设施和重点项目建设，是造成耕地减少的主要原因（国家土地管理局保护耕地专题调研课题组，1998）。土地问题，尤其是耕地问题，已成为制约中国经济发展的瓶颈。

如表4-4所示，1997～2005年的8年间，中国耕地面积呈逐年减少趋势；粮食总产量在1998～2003年间减少，2004年后增加。影响粮食总产量大小的主要有两个因素，一个耕地面积，另一个是粮食单产量。傅泽强等（2001）对1950～1995年中国耕地面积年变化率和粮食产量年增长率的相关分析表明，耕地面积对粮食总产具有明显的约束作用，二者整体上具有基本一致的变化趋势。近年来，粮食单产量有上升的趋势，说明农业科技进步对保护粮食总产量起着越来越重要的作用。

表4-4　1997～2005年中国耕地面积与粮食作物产量指标

年　份	1997	1998	1999	2000	2001	2002	2003	2004	2005
耕地面积/万公顷	12 993.3	12 966.7	12 920.0	12 824.3	12 761.6	12 593.0	12 339.2	12 244.4	12 208.3
播种面积/万公顷	11 291.2	11 378.7	11 316.1	10 846.3	10 608.0	10 389.1	9 941.0	10 161.0	10 427.0
总产量/万吨	49 417.1	51 229.5	50 838.6	46 217.5	45 263.7	45 705.8	43 069.5	46 947.0	48 403.0
粮食单产/（千克/公顷）	3 803.28	3 950.85	3 934.88	3 603.90	3 546.87	3 629.46	3 490.46	3 834.16	3 964.76
复种指数	0.87	0.88	0.88	0.85	0.83	0.82	0.81	0.83	0.85

注：数据来源于《中国统计年鉴》（1997～2005年），《国民经济和社会发展统计公报》（1997～2005年）

1994年，美国世界观察研究所所长莱斯特·布郎发出了"21世纪谁来养活中国"的疑问，由此引发了国内外学者对耕地保护与粮食安全问题的广泛关注。1987～1996年全国损失耕地42.22万公顷，相当于每年减产粮食

88.865万吨（粮食安全与耕地保护课题组，2009）；伍山林（2000）对中国各省区粮食产量占全国粮食总产的比例的动态计算和统计分析表明：农村人均耕地资源与非农产业就业拉力是中国粮食生产区域特征的重要影响因素。傅泽强等（2001）通过对耕地面积年变化率和粮食产量年增长率3年滑动平均的结果分析表明，二者具有明显的相关，相关系数达0.707，说明耕地面积对粮食总产具有明显的约束作用；王雅鹏（2002）提出粮食生产的资源（尤其是耕地资源）约束日趋强化，将严重影响供需平衡和安全；朱红波（2006）计算出1997～2004年因耕地减少导致的粮食减产量达到2700万吨；耿玉环（2007）认为耕地数量的减少直接引起粮食产量的减少，而且变化趋势一致，两者的相关性系数高达0.9993。所有的研究结果都表明：耕地资源数量强烈影响着国家粮食安全。

经测算到21世纪30年代，中国人口将达到15亿～16亿，如果耕地资源按此减少的趋势持续下去，人均耕地资源的态势还会恶化，粮食问题将成为制约中国经济发展的重要因素。在中国的基本国情下，必须保护好耕地数量，尤其是基本农田数量，中国的耕地面积必须保留在20亿亩以上；要不断提高土地质量，提高农业科技水平；同时，还必须控制人口，使中国人口在2030年保持在16亿之内。也就是说，不仅要控制人口、增加土地投入，还必须要把握农地城市流转合理的度。

4.2.2.2　在农地城市流转的过程中，农民的权益得不到保障，引发社会矛盾

"城镇化"和"工业化"的浪潮使得大量农地被征为非农用地，同时产生了大量的失地农民。依据统计及经验数据推算，中国目前的失地农民（含部分失地农民）数量应在5100万～5525万人，若按目前中国城市化水平和经济发展速度推算，10年后失地农民总数将接近1亿人（黄祖辉和俞宁，2007），预计到2030年失地农民将达到1.1亿人（包宗顺，2004）。

在实行城乡二元社会结构和二元福利结构的背景下，农民除被拒于分享城镇化成果之外，大量失地农民还面临"种田无地、上班无岗、创业无钱、低保无分"的艰难境地，主要表现在以下三个方面：一是农民土地收益流失严重，农民失去了赖以生存和养老的土地，仅仅得到数额不多的土地补偿费、安置补助费和地上附着物补偿费，难以让失去土地的农民保持以前的生活水平；二是农民失地又失业，失地农民文化水平普遍偏低，综合素质不高，如果不进行再就业培训，他们很难在城市找到就业的机会，后期生活无以为继；三是农民的社会保障制度不健全，被征地的农民名义上已经转变为城市居民，但实际上他们却没有享受城市居民的待遇（陈映芳，2003）。征地农民的医疗保险、

社会保险、养老保险和城镇居民最低生活保障体系都还不健全。另外农民工的权益和子女就学的问题也得不到有效地保护。因此，城镇化是建立在剥削农村和农民、牺牲农村和农民利益的基础之上的。有研究指出，近3~4年来，农地城市流转过程中政府从中获取了近6000亿元的经济收益（孔善广，2005）。

如图4-4所示，农村居民家庭人均纯收入增长缓慢，与城镇居民的家庭人均可支配收入的差距逐渐拉大，但在国家采取多种惠农措施的情况下，城乡差距还维持在3.21∶1。而世界上多数国家的城乡收入之比为1.5∶1。中国的城乡差距的严重程度，在世界范围内是十分突出的。与此同时，农民生活消费支出也在增长。尤其是在城乡交错区，土地被征收后，其补偿费根本不足以让失地农民安居乐业，在无力支付城镇生活成本、缺乏稳定的家庭收入来源的情况下，他们对未来的社会变故、自然灾害和严重的疾病等风险十分担忧。

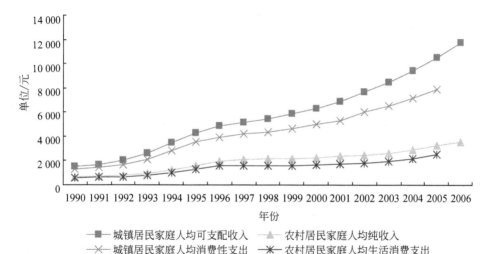

图4-4　1990~2006年中国城乡居民家庭人均收入与消费支出变化曲线

资料来源：中国统计年鉴

面对征地过程不公平分配土地权益的问题，弱势农民选择了以多种抗争方式来反对政府的征地行为。从有关部门的统计来看，2002年国家信访局受理征地的来信来访4116件，大部分集中在农民的失地失业问题上；国土资源部信访部门在2002年上半年受理的土地问题事件中，农民群众反映征地纠纷、违法占地的比重为73%，其中40%是征地纠纷问题，40%中又有87%反映的是征地安置补偿问题，而在反映征地问题的上访中，又有一半是集体上访（刘田，2002）；2003年，国土资源部信访接待部门受理的8000多件群众上访中，有70%反映的是征地纠纷、违法占地问题，30%反映的是征地安置补偿问题（瞿长福，2004）。可见，在中国过去的一段经济高速发展时期，征地矛盾冲突已成为土地问题的主要焦点，是影响当前社会的不稳定因素。中国社科院《2004～2005年中国社会形势分析与预测报告》表明，目前困扰中国的六大问题之首即农民失地后引发的一系列社会问题。

4.2.2.3　土地利用效率低下，抛荒闲置现象严重

按照《全国土地利用总体规划纲要》，1997～2010年全国非农业建设占用耕地控制指标为2950万亩，然而，这个指标到2005年就已经用完了。国土资源部发布的《21世纪中国耕地资源前景分析及保护对策》指出，在严格控制的前提下，2000～2030年的30年间全国占用耕地将超过5450万亩。而且，上述用地数据都是合法审批征用前提下的用地数量，还不包括违法征地的情形。据卫星遥感资料，前些年违法用地数量一般占用地总量的20%甚至30%以上，有些地方甚至达到80%。有些违法征地根本不是以国家公共利益为目的，乱征地现象屡见不鲜。例如天津南坊为建大学城，批准征地仅5000亩，但通过非法途径实际征到1万亩，建成了亚洲最大的高尔夫球场及大片商品房。在大量占用耕地的同时，闲置浪费土地的现象十分严重，据调查，1995年全国闲置各类建设用地近200万亩，其中广东闲置23万亩，海南闲置18万亩，广西8万亩。

土地闲置现象的深层次原因在于政府的行为失范（朱林兴，2006），因为在征地审批、操作及管理等关键环节存在一些环节上的职能、行为失范，才造成土地投机者有机可乘，大肆囤积土地。然而，"征而不用"、"多征少用"、"征而迟用"和"开而不发"等现象长期存在，不仅影响了土地资源优化配置，也带来了大量的失地农民，影响了社会的稳定。据估计，目前，全国城市闲置土地不少于3500万亩，相当于全国现有城市建设用地总面积的70%。其中，开发区闲置土地大约有2000多万亩，批后两年内不开发的土地大约有1000万亩，另据有关专家研究，中国城市土地除部分处于闲置状态外，还有40%土地属于低效利用状态（黄小虎，1996）。另外，在农村还存在严重的土地弃耕现象，原因是在农村第二、第三产业和城镇化迅速发展的形势下，那些无心经营农业的农民出于经济和安全上的考虑不敢放弃土地。土地闲置与低效利用造成了土地资源浪费，加剧了人地矛盾，甚至制约了经济与社会的发展。特别是出于投机动机囤积土地，会导致土地在供应后不能直接进入市场，使政府宏观调控政策因为土地供应后发生"漏损"而部分失灵；同时，土地囤积和投机会累积房地产市场风险和金融风险，使一部分人通过价格高涨牟取暴利、依靠土地垄断掠夺社会财富，人为地拉大社会贫富差距，影响经济社会的和谐健康发展。

4.2.2.4　征地过程中滋生贪污腐败，诱发土地投机，干扰土地市场正常秩序

中国现行的土地制度为地方政府赋予了多重职能。地方政府既为农村土地的征收者，又是征收后的国有土地出让者；既是征地补偿和安置方案的制订者，又是这些方案的具体实施者；既是征地权的行使者，又是征地中各种矛盾的调解者和裁决者。如何扮演好这些多重角色，从很大程度上取决于政府领导人的偏好。受理性"经济人"的心理和征地后土地巨大增值收益的驱使，政府往往更加倾向于牟取政治利益和经济利益的最大化，与民争利。

由于征地审批权重利大，土地审批领域已经成为极易滋生腐败的重灾区。一方面，在土地征用的过程中，许多开发商通过种种手段向地方政府官员行贿，与地方政府达成共谋，大搞权钱交易，使得大量营利性项目征地通过政府低价征用转手给开发商。据研究显示，某些地方征地补偿费:出让价:市场价 = 1 : 10 : 40（曲福田等，2005）这样，不仅开发商能够获得高额利润，地方政府和一些官员也能因此获得丰厚的利益。这种地方政府与开发商合谋的现象，严重破坏了政府的形象，已经引起社会各界的强烈不满。另一方面，面对土地流转后的巨大收益，不仅地方政府和开发商想投机，有些集体经济组织也想获利，许多地方出现了集体经济组织与土地投机商私下签订协议，将农村集体土地悄然入市。据统计，一些地区通过"隐形市场"流转的建设用地占全部建设用地的50%以上（李曦，2005）。

此外，中国现行的土地出让制包括协议、招标和拍卖三种方式，这也为土地投机提供了一定的条件。我们以协议出让代表非市场化的土地出让，以拍卖出让代表市场化的土地出让。图4-5 显示的是政府协议出让的出让金 $V_{agreement}$ 和拍卖出让的出让金 $V_{auction}$ 随时间的变化曲线，后者高于前者。此刻，土地投机者以协议方式获得土地，并支付出让金 P_0，并以市场价格（拍卖价格）P_1 卖掉土地，进行土地投机，获取投机收益（价差）（毕宝德，2006）。

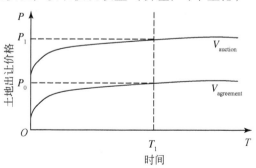

图 4-5　不同的土地出让价格与土地投机

这种土地协议价格与土地市场价格之间的巨大差别诱发了一次又一次的"圈地运动"，还引诱大量划拨土地进入"隐形市场"。不少开发商巧立名目，以投资"工业园区"、"农业园区"、"特色园区"和"生态园区"名义征地，牟取暴利。这一方面使国有资产大量流失，国家因此流失了巨额土地收益，严重影响着中国国民经济的正常发展；另一方面加剧了土地权属的混乱，破坏了统一的土地利用规划，干扰了公开合法的土地市场的正常运作。

4.2.2.5 土地流转冲击资源基础，危及生态环境

人类的经济活动正迅速消耗着许多不可再生（或再生缓慢）的自然资源，所产生的工业污染也给生存环境带来了许多无法弥补的损失，如物种灭绝、气候变异等。

首先，由于具有不可逆转性，农地城市流转不仅意味着土地利用方式、土地权的转移，而且也意味着农地资源永久地从农业领域中移出，农地资源上附带的生物多样性和人民的休闲机会也会随之消失。如天然沼泽、湖泊、水库、森林、田园景观及一些珍稀的动植物随着农转非而不复存在，公众原先的垂钓、狩猎、远足、观光和戏水机会也随之消失，这些都严重影响到土地和生物资源的长期获得和代际享有的公平性。天然水体和天然森林不仅具有循环、储蓄、供水、防风、固土、降尘、除毒、调温、保湿、露营的生态功能，而且常常是水生物和一些野生珍奇动物栖息、筑巢、繁育的理想场所。一旦这些水体和树林消失，就意味着天然生物基因库的消失，生态学价值的消失，同时还意味着美学文化价值和娱乐价值的消亡。如果引起水土流失，还将殃及其他地区。

其次，农地城市流转带来了工业化，使得工业生产中产生的大气、水、固体等废气物落入到城乡交错区，生态环境受到严重破坏。以水污染为例，由于城市内高耗能、高污染型企业往往建立在城市外围或城乡交错区，所产生的工业污物和二氧化硫将流放到土地和河流里面，影响到附近农田灌溉、渔业养殖甚至居民的生活饮用水。如武汉市高污染的化工、造纸、医药、冶金的企业主要分布于城区外围和交错区内，交错区的黄孝河、巡司河、汤逊湖、沙湖、墨水湖、易家墩灌溉区及建设灌溉渠既是农业排水系统，又是工业污水的疏导系统。城市工业废水80%排入交错区农业灌溉系统和渔业养殖水体。同时由于原先交错区一些污染企业闲置，为了服务于城市发展，一批新的企业又将兴建，如大型的养殖业重新在交错区规划和投产，会造成严重的污染（张安录，1999）。

就大气污染来讲，城区及城市外围的大气污染通过气流传输和扩散到交错

区，影响到交错区大气质量。

除此之外，农地城市流转的负社会福利效应还可能表现在城市土地利用结构失衡，农地进一步细碎化、不利于土地规模经营，农业生产基地设施弃置等方面。

4.3 农地城市流转中社会福利变化的测算

以上分别分析了农地城市流转的正、负福利效应，但总效应（正、负之和）仍不确定，为此，本节将衡量农地城市流转的总福利效应。

4.3.1 社会福利变化的判断标准

衡量一种经济活动对社会福利的影响通常可以用以下标准进行：

（1）帕累托标准

在不降低任何人的福利前提下，某种经济变动还可以增进另外一些人的福利，则为帕累托改进，也就是增加了社会福利。帕累托标准是理想环境和条件下的资源配置、制度安排，帕累托最优是公平与效率的"理想王国"。帕累托标准在理论上为人们衡量福利变化提供了一个严格的标准，然而，这个标准过于苛刻，现实中也极难达到。一种经济活动通常能增加一部分人的福利，而同时却损害另一部分人的福利。因此，有更多的经济学家提出了其他的判断效率提高的标准。

（2）卡尔多和希克斯的补偿原则

这种补偿原则又称新帕雷托标准：如果一个特定的改变使部分成员受损，同时又使另一些成员受益，当这一改变使得受益者的福利增进很大，以致在完全补偿了受损者的福利损失后尚有剩余，那么这一改变就是一个潜在的社会福利改进（Kaldor，1939）。这个社会福利改进标准涉及受损方的补偿问题。

这个原则对我们的启示是：农地资源在农业与非农业部门之间进行配置时，是允许一部分权利主体（如集体经济组织或农民）的福利暂时减少的，只要其他主体获得的福利增加量大于他们的福利减少量，则认为资源配置的效率是提高的，但前提是农民的福利必须得到合理的补偿。

根据卡尔多和希克斯的补偿原则，征地方案不仅要使政府达到预期效用（发展了地方经济），也应使农民受益（被征地农民的生活水平提高）。如图4-6所示，设 U_G 和 U_F 分别表示政府和农民的效用水平，征地后 U_G 和 U_F 都

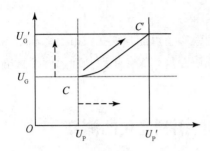

图 4-6　政府和农民双方都受益
时的效率曲线走向

提高，分别向上、向右移动，形成新的均衡点 C'，即可得到征地方案的新效率曲线 CC'，这条曲线反映了征地方案的配置效率。

（3）罗尔斯的社会福利标准

罗尔斯认为社会福利是由社会中处境最差的人决定的。只有当社会中最差的人的处境得到改善时，社会福利才会增长。这种评判标准体现了社会公平。

根据罗尔斯社会福利函数：$W = \min (u_i)$（$i = 1, 2, 3, \cdots, n$），在只有甲、乙两人的共同体中，如果甲的效用为 100，乙的效用为 80，那么社会福利等于乙的效用。当甲的效用从 100 上升到 120，而乙的效用保持不变时，社会福利水平仍为 80。显然，罗尔斯社会福利函数表明：只有最小效用提高，该社会的福利才会提高，即如果境况最差的个人效用没有变化，那么其他人的效用增加并不能使社会福利增加。在资源配置中，即便农地转为城市用地促进了国民收入水平的增加，但如果农民在失地后得不到合理补偿，导致福利降低，则社会福利仍没有得到改善。

（4）李特尔的三重检验标准

Little（1949，1957）主张：一个旨在表示实际改进的福利标准必须把分配效应考虑在内。李特尔标准提出三个问题：①受益者能否充分补偿损失者，并且其自身的状况仍得到改善？②受损者是否能不通过贿赂受益者反对变化而有获益？③是否存在某种有益的再分配？如果对第③点的回答是肯定的（否定的），并且对第①点和第②点的回答中至少有一个是肯定的（否定的），又假设直接再分配是不可行的，则赞成（反对）这种变化。Little 的检验标准建立在以下两个前提上：①帕累托改进；②其他条件不变的情况下，如果收入再分配能使受损者状况得到改善，则是一种社会改进，或效率提高。

4.3.2　社会福利变化的测算方法——社会净剩余

福利经济学认为，一种经济变动若使得社会剩余（通常是生产者与消费者剩余之和）增加，则是增加了社会福利。而社会净剩余标准将综合考虑参与经济活动的人的福利损益，以净社会福利来考察福利变化，摆脱帕累托标准过于苛刻的条件，分析现实问题也有相当的说服力。因而本文以社会净剩余标准分析农地城市流转对社会福利的影响。

（1）消费者剩余（consumer surplus）

消费者剩余的概念是首先由法国工程师杰·杜皮特（J. Dupuit）于1850年左右提出的，当他考虑建设一座桥梁的成本所值补贴的数量问题时，清楚地认识到这样的事实：消费者对一种货物的支付意愿常常高于他的实际支付。因此，消费者得到一种"超额的满足"，或者说剩余。

自从马歇尔的《经济原理》一书问世后，消费者剩余的概念得到了社会各界的关注。马歇尔把消费者剩余定义为"人们不愿意失去某种东西，而愿意支付的价格超过其实际支付的部分"。马歇尔主张用消费者剩余衡量消费者的福利，个人的消费者剩余增大，他的个人福利就增大。当消费者剩余最大化时，福利达到最优状态。此时，商品的边际收益等于边际成本。

消费者剩余的数量与均衡价格和均衡数量有关。所以任何对市场均衡的干预都将改变消费者剩余。因为消费者剩余衡量的是消费者收益，所以消费者剩余价值的任何改变都能够反映消费者福利的增加或减少。

（2）生产者剩余（producer surplus）

在市场的供给方，相应的福利衡量方法是生产者剩余。供给者销售产品获得的支付常常高于他的实际成本，即销售每一单位商品获得的市场价格 P 超过边际成本（MC）的净收益的总和。

生产者剩余的数量也与均衡价格和均衡数量有关。任何市场波动都将改变生活者剩余。因为生产者剩余衡量的是生产者收益，所以生产者剩余价值的任何改变都能够代表消费者福利的增加或减少。

（3）社会福利：消费者剩余和生产者剩余的总和

经济学家经常用消费者剩余和生产者剩余的总和来衡量社会福利。在完全竞争市场中，当达到资源配置效率时（帕累托最优状态），就不可能通过资源再配置来进一步改善社会福利，这意味着任何没有达到资源配置效率的市场结果都会对社会福利产生负面影响。社会福利损失可以通过对比消费者和生产者剩余的总量与达到配置效率的福利总量来进行衡量。

在土地流转市场中，供地方（集体经济组织和农民）可以被看做生产者，需求方（土地开发商和地方政府）则被看做消费者，通过图4-7，可以衡量出由于征地补偿价格偏低造成的社会福利损失的大小。

为了便于分析，用大写字母 $A \sim H$ 帮助进行讨论。在资源配置效率的均衡点 M，P_0 和 Q_0 分别表示征地价格和征地数量，此时，消费者剩余由区域面积 A 表示，生产者剩余由区域面积（$B + E$）表示，社会总福利大小为（$A + B + E$）。但若征地补偿价格低于均衡价格（$P_1 < P_0$），消费者剩余和生产者剩余都将发生变化。此时，消费者剩余增加为（$A + B + C + D$），消费者是受益者，

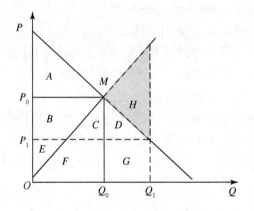

图4-7 征地补偿价格偏低造成的社会福利损失

而生产者剩余减少到 $(E-C-D-H)$[①]，生产者的利益受损。如果把征地补偿价格偏低状态下的生产者剩余和消费者剩余进行比较，则可以很清楚地判断社会福利是增加还是减少。

消费者剩余的变化：$(A+B+C+D)$ $-A=B+C+D$

$+$生产者剩余的变化：$(E-C-D-H)$ $-$ $(B+E)$ $=$ $-$ $(B+C+D+H)$

社会福利变化： $=-H$

通过上式的计算得出：社会福利受到了损失，损失量为图中区域为 H 的大小。征地补偿价格偏离完全竞争状态下的均衡价格，使供地方受损，使需求方受益。社会福利产生了从一个部门转移到另一个部门的再分配，这个转移不是说是无效率的，因为转移的数量被市场中的某一方获得了。但这个结果是不公平的，因为征地政策使得征地价格小于边际成本，造成了社会福利的损失，违反了配置效率原则。

（4）希克斯的福利衡量——CV、CS、EV、ES

传统衡量消费者剩余的方法是测算 Marshallian 需求曲线之下和价格线之上的面积（MS），然而由于 Marshallian 需求曲线的特点是维持收入不变而非维持效用不变，因此当多个价格同时变动或价格与所得同时变动时，会产生路径相依（path-dependence）的问题[②]，所以 1978 年，Silber-berg 提出以 Marshallian 消费者剩余来衡量消费者福利并不十分妥当（Silber-berg，1978）。为此，20

① 新的征地价格下，生产者剩余变成 $(E+F+G)$ $-$ $(F+G+C+D+H)$ $=$ $(E-C-D-H)$。

② 路径相依是指当多个产品价格（与所得）同时变动时，根据某一产品（X）的需求函数来估算消费者剩余，其结果会产生因人考虑的价格（或所得）变动顺序不同而不同的现象。

世纪 40 年代 Hicks 提出以 CV、CS、EV 和 ES 的观念来衡量福利的变动，与 Marshallian 需求曲线不同的是，Hicks 方法是在维持效用水平不变的情况下，观察价格变动造成的影响。变量（V）与剩余（S）不同之处在于若个人可以做最佳组合调整时，则以 CV、CS 衡量，若个人无法调整因某项政策实施所造成的数量或品质变动的结果，则以 EV、ES 衡量。

1）补偿变量（compensation variation，CV）：价格上涨（或下跌）后，在新的价格水平下，消费者为维持原有的效用水平而愿意接受的最小补偿（或愿意支付的最大金额），通常以货币的形式来表达。

2）补偿剩余（compensation surplus，CS）：价格上涨（下跌）后，在新的价格水平下，消费者为能维持购买原先消费组合的能力而愿意接受的最小补偿（或愿意支付的最大金额）。

3）相等变量（equivalent variation，EV）：价格上涨（或下跌）后，消费者在新的效用水平下仍能享有变动前的价格水平，而愿意支付的最大金额（或愿意接受的最小补偿）。

4）相对剩余（equivalent surplus，ES）：价格上涨（或下跌）后，消费者为能确保购买价格变动后的消费组合能力且仍能维持变动前的价格水平，而愿意支付的最大金额（或愿意接受的最小补偿）。

Hausman 首先利用可观察到的市场需求曲线导出无法观察到的间接效用函数和支出函数，进而通过无法观察到的补偿需求曲线求出正确的消费者剩余衡量值，即补偿变量与相等变量。

尽管用马歇尔的消费者剩余方法来测度社会福利水平会产生路径相依问题，因此许多学者认为通过此方法不能精确衡量出消费者因价格变动而产生的福利损失或增加。但由于本研究中只有一种产品（消费品）——土地，也就不可能产生由多个产品价格同时变动（或与收入同时变动）引起的 MS 不唯一的现象。而且由于农地城市流转的需求曲线难以凭借经验观测出，且希克斯方法中的效用函数和补偿需求曲线难以衡量。本研究仍采用传统衡量福利的方法——以马歇尔的消费者剩余法为指导，采取间接法衡量社会福利的变化。

4.3.3 农地城市流转的供需函数和福利变化的测度

图 4-7 只是搭建了一个基本的理论分析模型，然而在现实的农地城市流转中，需求函数与供应函数不可能是完全线形的，而可能是多次（非线性）的。为了更准确地推测出农地城市流转的社会福利效应，还必须构建需求函数和供

应函数，在此基础上确定农地非农化的最优流转量，并计算消费者福利和生产者福利之和。

4.3.3.1 研究思路和步骤[①]

1）由于农地资源的外部经济性，其所具有的生态服务功价值不容忽视[②]，利用 Costanza 等（1997）关于农地资源生态服务功能的价值的研究成果，计算出中国各省农地的边际生态效益 MR_{AgEn}。

2）农用地价格分为三个部分：农用地的经济价值、农用地的社会功能价值和农用地生态功能价值（诸培新和曲福田，2003；蔡运龙和霍雅勤，2006，2006；蔡银莺等，2006）。其中社会保障价值占有较大比重[③]，为此，要计算中国各省农地的边际社会保障效益 MR_{AgSo}。

3）通过构建 C-D 生产函数来模拟农业部门和非农业部门的生产过程，将资本、劳动力和土地作为两部门的生产要素。

4）运用多元回归方法估计两生产部门中各生产要素的弹性系数。

5）将各弹性系数代入到 C-D 生产函数，分别计算出各省农地和非农用地的边际生产效益 MR_{Agri} 和 $MR_{Nonagri}$。

6）假设农地城市流转的需求曲线和供给曲线的函数形式为 $Q_D = f(P)$，$Q_S = f'(P)$，运用微观经济学中产品价格 P 与边际成本 MC 之间的关系，推算出需求 Q_D 和供给 Q_S 与边际成本 MC 之间的函数关系，即 $Q_D = f(MC)$，$Q_S = f'(MC)$。

7）要达到土地资源在农业生产部门和非农业生产部门之间的最优配置，关键要把握农地城市流转的度。而要达到农地城市流转量的最适度，就要使得土地资源在两部门的边际收益（边际效用）相等，即 $MR_{Agri} + MR_{AgEn} + MR_{AgSo} = MR_{Nonagri}$。由于农地城市流转的过程就是两部门抢占农地资源进行生产的过程，因此，农业部门的收益可以看成是农地城市流转的成本（机会成本），非农业部门的收益可以看成是农地城市流转的收益，则对任何一个部门来说 $MR = MC$。

---

① 本节的研究思路参考了谭荣、曲福田的论文《中国土地非农化配置：从两难到双赢》。

② 霍雅勤和蔡运龙（2003）在 Costanza（1997）与谢高地等（2003）研究的基础上，依据生物量大小进行修正生态服务单价，评价出甘肃省会宁县耕地生态功能价值为 9.22 万元/公顷，约占耕地总价值的 53.7%。

③ 邵绘春等（2008）的研究表明：影响农地种植决策的关键因素是农地的直接生产价值，而影响农地非农转用决策的是农地的社会保障价值；蔡运龙和霍雅勤（2006）的研究表明：在耕地资源价值构成中，社会保障价值在中国东、中、西部三个典型城市中都占 60% 以上；霍雅勤和蔡运龙（2003）以甘肃省会宁县耕地为例，评价出社会保障价值为 7.47 万元/公顷，约占耕地总价值的 43.5%；刘慧芳（2002）以河南省为例，计算出社会粮食安全稳定功能价值约为 12 万元/公顷。

8）根据6），利用4）所计算出的数据，运用多元回归方法估计出公式（4-17）和（4-18）的参数，代回（4-13）和（4-14）式，求出需求函数和供给函数，并计算出农地非农化的最优流转量 Q^*，将中国现有的农地征用量 Q 与之比较。若 $Q^* < Q$，则说明生产者剩余和消费者剩余均有一定程度的损失，中国还可以加大农地非农化力度，将非农业部门的土地配置效率发挥到最大；若 $Q^* = Q$，则说明农地城市流转这项经济社会活动所带来的社会福利达到最大；若 $Q^* > Q$，则表示中国现阶段农地非农化配置方式存在效率损失和农地过度性损失。

9）根据求出的农地过度流转量，乘以农地的平均生态价值和社会保障价值，可将结果作为中国农地城市流转造成的社会福利的损失（增加）量[①]。

10）结论与分析。

4.3.3.2 模型的建立和计算

1）为研究方便，本研究直接采用 Costanza 等（1997）对全球10种类型用地资源的生态服务价值研究成果中的一部分，即选取了每单位林地、农田、草地、水面的生态效益，如表4-5所示。

表4-5 林地、农田、草地、水面的生态效益　　　单位：元/公顷·年

农地类型	林地		农田	草地	水面
生态价值	17 298（热带）		793	2 000	73 207
	2 603（温带或寒带）				
	8 352（平均）				

注：表中价值为1994年价

资料来源：Costanza R，et al.，1997

中国国家气象局以喜热作物生长期（日平均气温 ≥10℃ 时期）中的积温，最冷月平均气温和极端最低气温为主要指标进行了中国气候区划，把中国划为温带、亚热带和热带三大带，每带中又划分为南、中、北三亚带。根据中国各省份所处的气候带对林地资源进行划分，属于（边缘）热带的省份有海南，属于亚热带的省市有上海、江苏、浙江、安徽、福建、江西、湖北、湖南、广东、广西、四川、贵州、云南；其余的省市属于温带。

---

① 中国的《土地管理法》规定征地补偿费按照土地原用途加产值的倍数计算，中国大部分地区现行的征地补偿费仅仅反映了部分农地的经济价值，而未考虑农地的生态价值和社会保障价值。因此，可以认为，农地城市流转所带来的社会福利损失主要是由于忽视农地生态价值和社会保障价值造成的。但由于现实的土地补偿费并未完全反映土地经济价值，所以该计算结果比实际偏低。

将表4-5中不同农地的生态价值乘以各省份不同时期各类农地资源的数量计算加权平均 $R_{En} = \sum_{i=1}^{4}(R_i \times L_i)/\sum_{i=1}^{4}L_i$。其中，将农田的面积视为耕地和园地面积之和，亚热带地区的林地生态价值取平均值计算，将得到表4-6中各省份 1994~2005 年农地资源生态效益。为了使价格具有可比性，将价格均换算成 2005 年的年价。

表4-6 中国各省份农地资源生态价值（1994~1995 年）

单位：万元/公顷·年

年份 地区	1994	1995	1996	1997	1998	1999	2000	2001	2002	2003	2004	2005	平均
北京	0.54	0.63	0.86	0.74	0.75	0.76	0.76	0.78	0.74	0.74	0.78	0.79	0.74
天津	1.65	1.89	2.07	2.12	2.11	2.09	2.09	2.12	2.19	2.20	2.12	2.06	2.06
河北	0.39	0.45	0.51	0.49	0.49	0.48	0.48	0.48	0.46	0.48	0.48	0.45	0.47
山西	0.28	0.33	0.37	0.37	0.37	0.36	0.36	0.36	0.37	0.37	0.36	0.33	0.35
内蒙古	0.42	0.5	0.54	0.56	0.56	0.37	0.37	0.37	0.34	0.34	0.37	0.37	0.43
辽宁	0.49	0.57	0.63	0.62	0.60	0.59	0.59	0.59	0.61	0.61	0.59	0.59	0.59
吉林	0.48	0.55	0.61	0.61	0.61	0.60	0.60	0.60	0.58	0.58	0.60	0.60	0.59
黑龙江	0.43	0.51	0.56	0.57	0.57	0.55	0.56	0.56	0.52	0.52	0.56	0.56	0.54
上海	2.83	3.36	6.46	3.78	3.78	3.80	3.96	3.93	3.85	3.80	3.93	5.12	4.05
江苏	1.91	2.29	2.79	2.55	2.53	2.50	2.51	2.54	2.44	2.46	2.54	2.77	2.49
浙江	1.62	1.32	1.45	1.41	1.38	1.37	1.37	1.37	1.36	1.38	1.37	1.37	1.40
安徽	1.58	1.57	1.69	1.67	1.65	1.61	1.61	1.61	1.76	1.76	1.61	1.58	1.64
福建	1.67	1.10	1.23	1.18	1.18	1.17	1.17	1.17	1.19	1.19	1.17	1.16	1.22
江西	1.87	1.44	1.64	1.53	1.52	1.49	1.49	1.49	1.47	1.48	1.49	1.50	1.53
山东	0.64	0.75	0.84	0.84	0.84	0.83	0.83	0.85	0.83	0.85	0.85	0.79	0.81
河南	0.51	0.59	0.68	0.68	0.66	0.64	0.64	0.64	0.71	0.71	0.64	0.61	0.64
湖北	1.46	1.54	1.68	1.74	1.70	1.67	1.68	1.68	1.70	1.72	1.68	1.67	1.66
湖南	1.56	1.32	1.39	1.45	1.46	1.46	1.46	1.46	1.51	1.51	1.46	1.42	1.46

年份 地区	1994	1995	1996	1997	1998	1999	2000	2001	2002	2003	2004	2005	平均
广东	2.67	1.35	1.50	1.47	1.45	1.42	1.41	1.41	1.38	1.37	1.41	1.43	1.52
广西	2.61	1.09	1.19	1.17	1.13	1.11	1.11	1.11	1.12	1.12	1.11	1.09	1.25
海南	3.19	1.68	2.37	1.77	1.72	1.68	1.68	1.68	1.63	1.67	1.68	1.71	1.87
四川	1.04	0.75	0.80	0.86	0.86	0.85	0.85	0.85	0.92	0.86	0.85	0.81	0.86
贵州	0.43	0.27	0.30	0.31	0.31	0.79	0.79	0.79	0.82	0.81	0.79	0.74	0.60
云南	2.80	0.88	0.97	0.98	1.00	1.01	1.02	1.02	1.02	1.02	1.02	0.97	1.14
西藏	1.02	1.09	1.17	1.23	1.24	0.63	0.63	0.63	0.71	0.68	0.63	0.64	0.86
陕西	0.30	0.36	0.40	0.41	0.41	0.40	0.40	0.40	0.44	0.44	0.40	0.40	0.40
甘肃	0.23	0.28	0.28	0.31	0.31	0.31	0.31	0.31	0.34	0.33	0.31	0.30	0.30
青海	0.41	0.52	0.61	0.61	0.61	0.61	0.61	0.61	0.59	0.59	0.61	0.64	0.59
宁夏	0.30	0.35	0.37	0.39	0.39	0.38	0.37	0.38	0.38	0.38	0.38	0.37	0.37
新疆	0.44	0.59	0.66	0.68	0.68	0.45	0.45	0.45	0.48	0.48	0.45	0.45	0.52

注：1）表中数据为 1994~2005 年全国大陆 30 个省（自治区、直辖市）的农地生态效益，不包括香港、澳门和台湾地区；重庆的数据由于在 1999 年前的统计数据空白也未计入

2）为保证可获数据的统计口径一致性，在计算中使用的土地面积数据均来自相应年份的《中国国土年鉴》（1995~1997 年）、《中国国土资源年鉴》（1999~2006 年）、《中国城市建设统计年报》（1998 年、2001~2005 年），其中 1997 年的各类农地面积数据由于政策原因无法获得，在此采用移动平均法进行估计，步长为 4 年

3）农地面积包括林地、耕地、草地、园地和水面的面积，非农用地面积为建设用地面积，包括居民点与工矿用地和交通运输用地（本研究中不含水利设施用地）

2）农地的社会保障价值主要体现为：农业吸纳了中国农村大量的剩余劳动力，缓和了剩余劳动力的就业压力，维护了社会稳定；当大量涌入城市的农民工在就业不稳定的时候，农地也为他们提供了退路和生存保障。因此，可以认为农业的社会保障价值是农地的养老保险价值和就业保障价值之和。

①农地养老保险价值 V_{So1} 的测算。

V_{So1} 的计算公式为

$$V_{So1} = \frac{Y_a}{A_a} \qquad (4\text{-}5)$$

式中，Y_a 为人均养老保险价值，以当地人口平均年龄为 a 时的个人保险费趸缴

金额代替；A_a 为被评价地区人均农地面积①。Y_a 的计算公式为

$$Y_a = Y_{am} \times b + Y_{aw} \times c \qquad (4\text{-}6)$$

式中，Y_{am} 为 a 年龄男性公民保险费趸缴金额基数；Y_{aw} 为 a 年龄女性公民保险费趸缴金额基数，如表 4-7 所示；b 为男性人口占总人口的比例；c 为女性人口占总人口的比例，数据均可从《中国人口统计年鉴》（1995～2006 年）中获取。

表 4-7 中国太平洋保险公司太平盛世·长寿养老保险 A 款（趸缴）缴费表

单位：元

投保年龄	55 岁领取		60 岁领取	
	女性	男性	女性	男性
…	…	…	…	…
30	11 283	10 384	8 753	7 956
31	11 573	10 656	8 982	8 170
32	11 871	10 936	9 218	8 390
…	…	…	…	…
35	12 812	11 820	9 962	9 087
36	13 142	12 130	10 224	9 333
37	13 481	12 448	10 492	9 585
…	…	…	…	…
42	15 305	14 163	11 944	10 951
43	15 698	14 532	12 257	11 247
44	16 100	14 909	12 908	11 550
…	…	…	…	…

资料来源：太保网，2005-10-18.②

②农地就业保障价值 V_{So2} 的测算

V_{So2} 的计算公式为

$$V_{So2} = \frac{Z_a}{A_a} \qquad (4\text{-}7)$$

① 由于数据的可获取性，在此用人均耕地面积乘以 1.4 代替人均农地面积，数据从《中国土地年鉴》（1995～1997 年）和《中国国土资源年鉴》（1998～2006 年）中获取。

② 根据资料整理：中国太平洋保险公司太平盛世·长寿养老保险 A 款缴费表（60 岁领取）和中国太平洋保险公司太平盛世·长寿养老保险 A 款缴费表（55 岁领取）。

式中，Z_a为各地区城镇居民最低生活保障标准，其数值可从各省市统计年鉴获取；A_a仍为被评价地区人均农地面积。

农地的社会保障价值应该等于V_{So1}与V_{So2}之和，但中国农村的现实与本文前面的研究证明：农民对耕地的依赖程度与农民的非农收入水平成反向关系，而各地农民的非农收入水平差异明显。从三个经济带的情况来看，农村居民人均非农纯收入较高的省份主要集中在东部地区，而收入较低的省份集中在中西部地区，收入差距的地区性比较明显。因此，需要用当地农业人口人均非农业纯收入与全国平均水平的比值来对各地农地资源的社会保障价值进行修正，修正系数K的计算公式为

$$K_i = \frac{P}{P_i} \tag{4-8}$$

式中，P为全国平均水平的农业人口人均非农业纯收入；P_i为各地区农业人口人均非农业纯收入。

计算中国各省市的农地社会保障价值$V_{So} = (V_{So1} + V_{So2}) \times K_i$，得到表4-8所示结果。

表4-8　中国各省份农地社会保障价值（1994～2005年）

单位：万元/公顷·年（2005年价）

年份 地区	1994	1995	1996	1997	1998	1999	2000	2001	2002	2003	2004	2005	平均
北京	1.84	2.2	3.08	2.72	2.84	2.92	3.2	3.32	3.56	3.72	3.84	4.12	3.11
天津	2.84	3.28	3.72	3.9	3.96	4.02	4.38	4.5	5.26	5.5	5.22	5.36	4.33
河北	1.36	1.56	1.84	1.8	1.84	1.84	2	2.04	2.2	2.36	2.36	2.4	1.97
山西	0.96	1.16	1.32	1.36	1.4	1.4	1.52	1.52	1.76	1.76	1.84	1.88	1.49
内蒙古	1.44	1.76	1.96	2.08	2.12	1.44	1.56	1.56	1.64	1.72	1.84	1.92	1.75
辽宁	1.68	2	2.28	2.28	2.24	2.28	2.48	2.52	2.92	3.04	2.92	3.08	2.48
吉林	1.64	1.92	2.2	2.24	2.28	2.32	2.52	2.56	2.8	2.92	2.96	3.12	2.46
黑龙江	1.48	1.76	2	2.08	2.16	2.12	2.36	2.36	2.48	2.6	2.76	2.92	2.26
上海	6.48	7.79	15.49	9.28	9.47	9.73	10.03	11.12	12.32	12.67	12.88	17.76	11.25
江苏	6.56	7.96	10.04	9.4	9.52	9.6	10.56	10.76	11.72	12.32	12.48	14.4	10.44
浙江	5.56	4.6	5.24	5.2	5.2	5.28	5.76	5.8	6.52	6.92	6.76	7.12	5.83
安徽	5.44	5.48	6.08	6.16	6.2	6.2	6.76	6.84	8.44	8.8	7.92	8.2	6.88
福建	5.76	5.04	4.44	4.36	4.44	4.48	4.92	4.96	5.72	5.76	5.96	6.04	5.16
江西	6.44	5	5.92	5.64	5.72	5.72	6.24	6.32	7.04	7.32	7.4	7.8	6.38
山东	2.2	2.6	3.04	3.08	3.16	3.2	3.48	3.6	4	4.24	4.2	4.12	3.41

年份 地区	1994	1995	1996	1997	1998	1999	2000	2001	2002	2003	2004	2005	平均
河南	1.76	2.04	2.44	2.52	2.48	2.44	2.68	2.72	3.4	3.56	3.16	3.16	2.70
湖北	5.04	5.36	6.04	6.4	6.4	6.4	7.04	7.12	8.16	8.6	8.28	8.68	6.96
湖南	5.36	4.6	5	5.32	5.48	5.6	6.12	6.2	7.24	7.56	7.2	7.4	6.09
广东	5.76	5.08	5.4	5.4	5.44	5.44	5.92	5.96	6.64	6.84	6.92	7.44	6.02
广西	5.52	3.8	4.28	4.32	4.24	4.28	4.68	4.72	5.36	5.48	5.6	5.68	4.83
海南	7.52	7.04	8.52	6.52	6.48	6.44	7.04	7.12	7.84	8.36	8.48	8.88	7.52
四川	3.56	3	2.88	3.16	3.24	3.28	3.56	3.6	4.2	4.32	4.36	4.6	3.65
贵州	1.48	0.92	1.08	1.16	1.16	3.04	3.32	3.36	3.92	3.88	4.04	3.84	2.60
云南	5.64	3.08	3.48	3.6	3.76	3.88	4.28	4.32	4.88	5.12	5	5.04	4.34
西藏	3.52	3.8	4.2	4.52	4.68	2.4	2.64	2.8	3.08	3.32	3.4	3.4	3.47
陕西	1.04	1.24	1.44	1.52	1.56	1.52	1.68	1.68	1.96	2.08	2.12	2.2	1.67
甘肃	0.8	0.96	1	1.16	1.16	1.2	1.32	1.32	1.52	1.56	1.64	1.64	1.27
青海	1.4	1.8	2.2	2.24	2.28	2.36	2.56	2.6	2.84	2.96	3	3.32	2.46
宁夏	1.04	1.2	1.32	1.44	1.48	1.44	1.56	1.6	1.84	1.92	1.88	1.92	1.55
新疆	1.4	1.64	1.96	2.12	2.16	1.72	1.88	1.92	2.32	2.4	2.2	2.4	2.01

注：表4-7和表4-8中的数据分别为农地资源的平均生态效益和平均社会效益，由于两者均为非市场价值，总量与农地数量是一次性关系；并且边际效益等于总效益相对于数量的偏导数，平均效益等于总效益除以数量，所以，此时可将平均效益近似代替边际效益

从计算结果来看，用养老保险费法计算的费用偏高，实际执行起来有一定的困难。最低生活保障法的理论依据是应保障被征地农民最低生活水平，使其享受失业人员的最低生活补助费。

3）运用 C-D 函数来模拟农业部门和非农业部门的生产过程，模型如下

$$Y_{agr} = AK_{agr}^{\alpha}L_{agr}^{\beta}\text{Land}_{agr}^{\gamma} \tag{4-9}$$

$$Y_{nonagr} = BK_{nonagr}^{\chi}L_{nonagr}^{\delta}\text{Land}_{nonagr}^{\varepsilon} \tag{4-10}$$

式中，Y 为部门总收益；A、B 为常数项，代表技术贡献率，分表资本投入 K、劳动力投入 L 和土地投入 Land 在农业部门（非农业部门）的生产弹性；下标 agr 和 nonagr 分别为农业部门和非农业部门。在此，将土地作为生产的一种投入。也就是说，除了别的投入外，农业和非农业部门的生产收益是生产中所使用的土地数量的函数，它们是正相关的，尽管并不成固定的比例。

农业部门的总收益采用的是第一产业的 GDP 数值，非农业部门的总收益采用的是第二产业和第三产业的 GDP 之和，1994~2003 年的资本投入 K 为国

民经济各行业基本建设新增固定资产、更新改造新增固定资产和城镇集体各单位固定资产投资之和（因为从这三种统计数据比较好获取各地区各产业的投资），2004～2005 年的资本投入 K 为各地区按行业分城镇新增固定资产，劳动力投入 L 为各产业从业人员人数，其数据均来自各相应年份的《中国统计年鉴》（1995～2006 年）（数据见附录）。

4）为使得计算过程更加简便，并使回归结果更加具有规律性和代表性（取多样本的平均值，将有利于减少干扰因素），现将中国 30 个省份划分为东部、中部、西部三个地区[①]，其中东部地区包括北京、天津、河北、辽宁、上海、江苏、浙江、福建、山东、广东、海南 11 个省份；中部地区包括山西、吉林、黑龙江、安徽、江西、河南、湖北、湖南 8 省份；西部地区包括四川、贵州、云南、西藏、陕西、甘肃、青海、宁夏、新疆、内蒙古、广西 11 省份。将式（4-9）和式（4-10）两边取对数，运用 Eviews5.0 软件中的广义最小二乘法（GLS）对 12 年的面板数据进行多元线性回归。为消除模型存在的异方差性，采取 Cross-section SUR 的加权方式，即允许模型存在截面异方差合同期相关，得到的估计结果如表 4-9 所示（具体计算结果见附件 Ⅱ）：

表 4-9　方程（4-9）、（4-10）的估计结果

方　程	地　区	coeficient				t-statistic				R^2	DW
		A	α	β	γ	A	α	β	γ		
（4-9）	东部地区	2.758	0.156	0.630	0.126	15.929	26.908	81.374	8.696	1	1.726
	中部地区	0.442	0.163	0.723	0.233	3.109	10.810	43.343	7.407	0.986	1.954
	西部地区	0.217	0.243	0.868	0.120	61.982	66.171	207.205	27.105	1	1.821
方　程	地　区	coeficient				t-statistic				R^2	DW
		B	χ	δ	ε	B	χ	δ	ε		
（4-10）	东部地区	1.420	0.999	0.181	0.076	3.659	79.816	9.041	5.616	1	1.888
	中部地区	6.375	0.786	0.098	0.214	8.451	21.613	4.322	5.118	0.989	1.953
	西部地区	1.576	0.710	0.388	0.053	5.842	42.152	36.045	4.123	1	1.902

从估计结果看，各统计指标都通过检验，回归拟合得很好。

5）根据方程（4-9）和（4-10），得到土地在农业部门和非农业部门的边际收益方程，即

$$MR_{agr} = A\gamma K_{agr}^{\alpha} L_{agr}^{\beta} \mathrm{Land}_{agr}^{\gamma-1} \tag{4-11}$$

$$MR_{nonagr} = B\varepsilon K_{nonagr}^{\chi} L_{nonagr}^{\delta} \mathrm{Land}_{nonagr}^{\varepsilon-1} \tag{4-12}$$

将表 4-9 的数据代入方程（4-11）和（4-12），分别计算出中国各省市的

---

① 划分依据见 http://baike.baidu.com/view/54348.htm 和《中国城市建设统计年报 2004》。

农地边际收益和非农用地边际收益，如表4-10和表4-11所示。

表4-10 中国各省市土地资源农业部门边际经济收益

单位：元/年·公顷（2005年价）

年份 地区	1994	1995	1996	1997	1998	1999	2000	2001	2002	2003	2004	2005
北京	1112	963	888	740	801	925	980	938	822	966	805	857
天津	1481	1121	948	1095	881	1326	1281	1309	1370	1516	1532	1655
河北	906	876	829	907	1069	1175	1191	1171	1158	1174	1239	1217
山西	150	153	213	258	260	223	292	290	336	347	394	393
内蒙古	17	18	18	21	27	32	37	36	47	46	51	57
辽宁	550	474	418	520	595	591	588	632	652	716	738	785
吉林	136	161	215	246	256	320	339	291	333	451	493	555
黑龙江	126	163	203	213	221	216	189	232	253	286	352	374
上海	2450	1996	1965	1958	1897	2313	2429	2255	2581	2242	1680	1889
江苏	1406	1231	1155	1233	1296	1588	1563	1549	1472	1484	1182	1357
浙江	1053	871	829	788	859	981	844	855	901	848	824	835
安徽	287	342	499	600	644	693	681	724	716	783	930	1017
福建	563	605	552	561	652	746	602	658	690	635	652	651
江西	221	231	314	331	328	372	367	391	456	513	577	691
山东	1296	1275	1210	1456	1298	1456	1439	1488	1380	1489	1746	1607
河南	386	497	718	822	986	1019	1100	1200	1234	1219	1640	1321
湖北	316	396	507	581	597	614	657	754	726	790	925	1071
湖南	280	281	370	428	478	458	537	525	573	626	760	900
广东	808	610	649	676	767	802	847	819	810	838	782	857
广西	293	242	253	251	329	291	294	314	326	334	378	442
海南	1011	804	849	870	919	994	1109	1041	1114	1116	1045	1080
四川	289	256	269	202	235	252	272	260	258	263	288	291
贵州	195	185	162	174	210	263	303	263	327	262	260	274
云南	204	204	176	191	193	241	248	241	215	249	287	283
西藏	5	4	4	5	5	5	6	6	6	7	7	7
陕西	147	118	116	142	168	193	225	267	286	301	292	295
甘肃	73	60	57	62	88	129	121	138	173	153	167	165
青海	8	8	8	12	12	15	17	18	22	21	19	17
宁夏	96	88	82	86	111	119	107	131	144	154	128	132
新疆	37	34	35	42	37	59	57	47	48	55	60	60

表 4-11　中国各省市土地资源非农部门边际收益

单位：万元/年·公顷（2005 年价）

年份\地区	1994	1995	1996	1997	1998	1999	2000	2001	2002	2003	2004	2005
北京	73.98	57.60	95.10	90.35	104.44	130.48	136.36	110.26	84.10	73.16	117.97	150.51
天津	39.57	33.27	30.96	33.95	45.23	48.83	41.48	39.69	42.67	47.97	41.02	50.43
河北	12.59	13.73	19.55	21.99	23.82	34.17	31.22	30.42	27.15	29.99	33.61	41.92
山西	42.14	39.30	44.69	56.74	62.71	56.76	68.36	63.55	107.56	81.90	81.39	92.58
内蒙古	3.44	3.78	3.35	3.81	4.62	5.86	4.15	4.49	6.06	7.77	7.31	10.73
辽宁	20.28	20.85	25.17	26.71	29.79	21.80	31.41	26.43	29.06	30.70	39.24	58.39
吉林	32.50	26.22	51.74	48.03	50.70	49.28	55.29	52.66	60.16	82.52	59.75	82.52
黑龙江	34.20	34.76	36.51	49.09	61.28	53.09	59.98	67.08	66.86	72.56	49.05	72.12
上海	106.41	148.65	196.53	200.18	228.11	336.15	223.69	120.08	99.93	129.37	150.28	251.81
江苏	18.20	21.01	25.77	29.95	33.77	37.74	40.90	38.95	47.54	51.93	68.43	108.95
浙江	26.94	33.53	46.31	57.33	56.64	69.22	82.26	96.19	81.95	70.78	85.43	80.88
安徽	29.34	29.01	39.60	41.55	33.61	41.06	54.18	46.58	57.12	78.15	65.82	75.16
福建	19.16	17.79	27.06	44.58	45.44	48.80	43.03	39.26	40.09	34.35	50.97	46.21
江西	34.05	30.45	32.59	51.83	47.49	44.38	50.84	45.85	55.39	79.10	77.31	97.30
山东	13.31	14.80	17.44	22.05	22.71	27.33	33.37	29.23	37.22	46.21	48.78	64.77
河南	35.17	38.10	49.47	60.01	58.56	52.56	50.26	63.60	70.16	78.70	72.68	113.66
湖北	47.58	46.51	77.20	75.24	87.95	87.02	85.48	86.06	85.85	103.22	97.14	107.34
湖南	29.78	30.27	40.00	39.20	40.09	48.46	51.48	49.58	56.76	59.56	56.87	71.52
广东	48.83	46.45	58.76	57.12	74.13	72.83	77.54	69.60	53.16	46.68	74.69	87.51
广西	8.06	9.88	10.30	10.67	11.58	11.64	17.09	11.86	9.52	12.54	12.00	14.28
海南	31.47	24.98	32.84	24.73	25.71	34.48	22.84	23.24	19.19	21.25	18.68	13.61
四川	12.02	12.74	14.06	12.78	17.71	17.17	16.94	15.26	13.91	14.57	15.17	16.06
贵州	6.51	6.55	8.66	9.42	9.76	13.52	15.56	15.89	12.96	15.43	13.21	14.44
云南	7.00	6.81	9.74	9.90	11.53	13.65	11.38	13.05	12.71	13.04	10.78	13.67
西藏	12.02	12.74	14.06	12.78	17.71	17.17	16.94	15.26	13.91	14.57	15.17	16.06
陕西	6.51	6.55	8.66	9.42	9.76	13.52	15.56	15.89	12.96	15.43	13.21	14.44
甘肃	7.00	6.81	9.74	9.90	11.53	13.65	11.38	13.05	12.71	13.04	10.78	13.67
青海	12.02	12.74	14.06	12.78	17.71	17.17	16.94	15.26	13.91	14.57	15.17	16.06
宁夏	6.51	6.55	8.66	9.42	9.76	13.52	15.56	15.89	12.96	15.43	13.21	14.44
新疆	3.80	3.67	4.18	5.17	9.50	5.03	7.52	8.54	6.49	6.99	7.03	6.73

6）由于中国正处于一个经济快速发展时期，对土地的需求量正处于一个每年稳步上升的状态，因此，在一个不太长的时期内（12 年）土地需求量受国家宏观政策和自然条件的影响不大，因此可以假设农地城市流转的需求弹性 b（$b>0$）和供给弹性 d（$d>0$）为常数。

设农地城市流转的需求函数和供给函数如下（为了便于做对数运算，没有设置常数项）

$$Q_D = aP^{-b} \tag{4-13}$$

$$Q_S = cP^d \tag{4-14}$$

对以上两式求对数得

$$\log Q_D = \log a - b\log P \tag{4-15}$$

$$\log Q_S = \log c + d\log P \tag{4-16}$$

由 $MR = P + Q\left(\dfrac{\Delta P}{\Delta Q}\right) = P + P\dfrac{Q}{P}\left(\dfrac{\Delta P}{\Delta Q}\right) = P\left(1 + \dfrac{1}{E_s}\right) = P\left(1 + \dfrac{1}{d}\right)$，

且因 $MR = MC$，可得

$$P = \frac{MC}{1 - \dfrac{1}{b}}$$

将之代入到式（4-15）和式（4-16），得

$$\log Q_D = \log a + b\log\left(1 + \frac{1}{d}\right) - b\log MR \tag{4-17}$$

$$\log Q_S = \log c - d\log\left(1 - \frac{1}{b}\right) + d\log MC \tag{4-18}$$

当 $MR = MC$，即可求得农地的城市最优流转量，即

$$Q^* = \sqrt[b+d]{\frac{a^d}{C^b}\left(\frac{bd + b}{bd - d}\right)^{bd}} \tag{4-19}$$

7）为了便于求得 a、b、c、d 的值，设

$$A_1 = \log a + b\log\left(1 + \frac{1}{d}\right) \tag{4-20}$$

$$A_2 = -b \tag{4-21}$$

$$A_3 = \log c - d\log\left(1 + \frac{1}{b}\right) \tag{4-22}$$

$$A_4 = d \tag{4-23}$$

代入式（4-9）和式（4-10），得

$$\log Q_D = A_1 + A_2\log MR \tag{4-24}$$

$$\log Q_S = A_3 + A_4\log MC \tag{4-25}$$

将表4-11中的非农部门边际收益代入 MR ，表4-10、表4-8和表4-9中的农业部门边际经济收益，边际经济收益与边际生态收益之和，边际经济收益、边际生态收益与边际社会收益之和分别代入 MC 、 MC' 和 MC'' （这时农业部门边际收益成为了农地城市流转的边际成本），将各地每年实际流转的农地量代入 Q_D 和 Q_S[①]，运用广义最小二乘法对 A_1 、 A_2 、 A_3 、 A_4 进行估计，并对 MR 和 MC 按照截面省份进行加权最小二乘法估计，得到方程（4-24）、（4-25）的回归结果，如表4-12所示。

表4-12　方程（4-24）、（4-25）的估计结果

方　程		地　区	coeficient		t-statistic		R^2	DW
			A_1	A_2	A_1	A_2		
（4-24）	MR	东部地区	略	−0.135	略	−5.244	0.991	2.025
		中部地区	略	−0.254	略	−8.356	0.987	2.121
		西部地区	略	−0.184	略	−6.349	0.984	2.056

方　程		地　区	coeficient		t-statistic		R^2	DW
			A_3	A_4	A_3	A_4		
（4-25）	MC	东部地区	略	0.186	略	2.337	0.992	2.034
		中部地区	略	0.179	略	3.125	0.985	2.052
		西部地区	略	0.154	略	2.876	0.983	2.037
	MC'	东部地区	略	0.564	略	5.764	0.991	2.110
		中部地区	略	0.618	略	3.847	0.982	2.013
		西部地区	略	0.593	略	4.132	0.988	1.987
	MC''	东部地区	略	0.787	略	11.250	0.979	2.025
		中部地区	略	0.698	略	9.632	0.986	2.027
		西部地区	略	0.796	略	8.754	0.995	2.086

将 A_1 、 A_2 、 A_3 、 A_4 （对应每一个方程的每种情况， A_2 、 A_4 值唯一， A_1 、 A_3 值各有多个，共30个）代入方程（4-20）、（4-21）、（4-22）、（4-23），求出不同的 a 、 b 、 c 、 d 值（对应每一个方程， b 、 d 值唯一， a 、 c 值各有多个，共30个），再代入方程（4-19），进而得到1994～2005年中国的农地次优流转量、最优流转量Ⅰ（考虑农地的生态价值）和最优流转量Ⅱ（同时考虑农地的生

①　由于中国各年的各省份农地征用面积难以获取，本研究将中国1999～2005年各省份的耕地减少量乘以一个修正系数来代替农地被征用面积。修正系数 =（2003年农地征用面积 + 2005年农地征用面积）/（2003年耕地征用面积 + 2005年耕地征用面积） =（286 026.41 + 233 369.62）/（203 508.89 + 161 315.41）= 1.424。

态价值和社会保障价值），并得到中国 1994～2005 年农地城市流转的需求和供给曲线，如表 4-13 所示。

表 4-13　中国 1994～2005 年农地过度流转量与社会福利损失量

地　区	最优流转量 II $MR = MC''$/公顷	最优流转量 I $MR = MC'$/公顷	次优流转量 $MR = MC$/公顷	实际流转 量/公顷	过度流转 量/公顷	社会福利 损失/万元
北京	14 035	26 218	38 207	48 733	34 698	133 587
天津	3 728	9 115	15 839	21 549	17 821	113 876
河北	52 990	92 299	123 590	157 239	104 249	254 369
山西	27 694	45 277	68 926	87 916	60 222	110 809
内蒙古	20 833	32 115	63 552	75 210	54 377	118 541
辽宁	12 193	32 514	60 557	81 285	69 092	212 113
吉林	15 932	27 152	45 272	56 099	40 167	122 509
黑龙江	32 207	56 981	102 938	123 872	91 665	256 663
上海	15 329	39 131	70 645	95 209	79 880	1 222 169
江苏	74 405	149 714	234 662	301 235	226 830	2 932 911
浙江	73 357	130 311	174 280	227 817	154 460	1 116 745
安徽	42 718	75 961	124 829	166 217	123 499	1 052 213
福建	26 954	43 759	52 430	67 218	40 264	256 882
江西	14 697	28 059	53 979	66 806	52 109	412 180
山东	138 415	229 478	276 467	364 251	225 836	953 026
河南	49 919	84 465	142 676	172 731	122 812	410 191
湖北	23 700	47 519	97 659	119 096	95 396	822 313
湖南	25 434	41 737	66 356	81 518	56 084	423 437
广东	45 037	82 320	111 698	149 130	104 093	784 859
广西	18 715	27 460	48 098	58 301	39 586	240 685
海南	2 228	7 293	16 410	20 259	18 031	169 306
四川	29 874	50 243	117 323	135 791	105 917	477 686
贵州	13 447	20 651	40 485	48 025	34 578	110 650
云南	32 371	43 823	62 681	76 347	43 976	240 988
西藏	1 860	2 676	4 890	5 439	3 579	15 496
陕西	23 666	34 691	61 150	73 498	49 832	103 152
甘肃	6 335	9 842	19 660	23 377	17 042	26 756
青海	4 737	5 965	6 726	8 182	3 445	10 506
宁夏	4 763	7 418	14 890	17 705	12 942	24 849
新疆	12 580	21 741	50 321	61 069	48 489	122 677
全国	860 154	1 447 704	2 371 961	2 991 124	2 130 970	13 252 145

注：1）过度流转量 = 实际流转量 − 最优流转量 II
　　2）社会福利损失量 = 过度流转量 ×（农地平均生态价值 + 农地平均社会价值）

4.3.3.3 结论

结论一：由表4-10与表4-11中数值的比较得出：农地城市流转的根本原因在于土地的农业利用比较收益低下，因而不可避免地向效益较高的其他用途转换。耕地向非农用途转移，经济效益可能提高了，但社会效益和生态效益的损失巨大，最终导致社会总福利的净损失。在现有的市场机制下，农地的生态效益和社会效益中相当一部分具有外部性，被全社会所共享，却无法被市场交换体现出来，从而导致了农地保护的投入与收益不对称。如果能把农地的生态价值和社会价值纳入到农地总价值中，就能从很大程度上扭转土地农用比较效益低下的局面。

结论二：农业用地具有较低的经济效益和较高的社会与生态效益，为了实现资源的最优配置，必须从可持续发展的角度出发，合理评价土地非农化的机会成本，包括经济成本、社会成本和环境成本。按照最优流转量来进行农地城市流转是缓解农地保护与经济增长矛盾、减少社会福利损失的唯一途径，而最优流转量的确定原则是农业部门的边际收益等于非农业部门的边际收益。

结论三：分别将 a、b、c、d（$MR = MC''$ 时求出）值代入到方程（4-13）和（4-14）中，可得到在考虑农地生态价值和社会保障价值状态下的农地城市流转的需求函数和供给函数，进一步求出达到最优流转量时的均衡价格，将中国现有农地征用价格与之比较，两者之间的差值可视为由政府和开发商从失地农民和集体剥夺到的剩余价值[1]。根据图4-7，由于 $Q^* > Q$，消费者剩余增加（表现为政府和开发商福利增加），但生产者剩余减少（表现为集体经济组织和农户福利减少），最终造成社会净剩余减少，1325亿即为图4-7中的 H 值大小。

讨论一：由于本节在计算农地生态价值的时候，借用了 Robert Costanza 的研究成果，即采用的是不同类型农地的全球平均生态价值，这与中国的实际情况应该有一些差距（图4-8）。农地社会保障价值的计算方法也并非十分准确[2]，有待进一步研究。农地的社会保障价值应该还包含有国家层面的粮食安全保障功能[3]，本文没有计算，如果将这一部分加以考虑的话，可以肯定的

---

[1] 郭熙保和王万珺（2006）等认为国家的征地行为剥夺了集体和农民的土地发展权，而用地单位和政府却分享了土地的增值收益，侵害了农民的合法权益，降低了土地配置效率。

[2] 目前还未发展出一套完善的农地资源社会保障价值的衡量方法，只是在许多学者用 CVM 等方法测算农地的非市场价值时，其研究结果应该包含部分农地的社会保障价值，单独的研究尚很鲜见。

[3] 陈江龙和曲福田（2006）的研究表明，1989~2000年农地非农化使中国的粮食总产出下降了1.42%。

是：中国现有的农地流转量与考虑了农地粮食安全功能的流转量的差值将会更大，说明中国农地非农化方式存在着较大的效率损失，农地过度性损失严重。

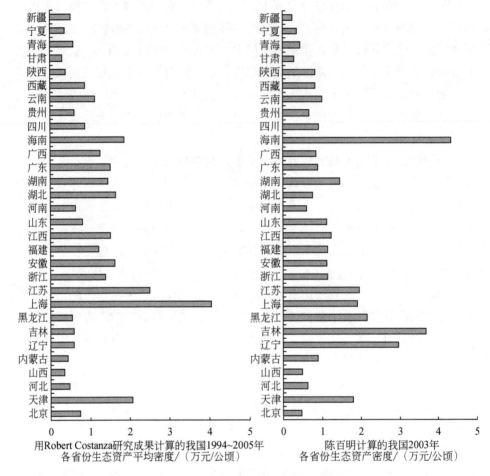

图 4-8   中国各省份生态资产密度对比

注：右图根据陈百明（《中国土地利用与生态特征区划》P182）研究成果整理而成

讨论二：由于数据的可获取性，本研究只计算了 1994～2005 年 12 年间的农地最优流转量，基本满足了普通多元线性回归分析中 $n \geqslant k(k+1)$（n 为样本容量，k 为变量个数）的要求。如果能获取更长时间的序列数据，回归结果将更好，更有利于求得农地最优城市流转量和社会福利损失。

4.4 本章小结

农地城市流转与社会福利水平的关系错综复杂，因为它既能增加国民经济福利，但在某些方面（社会公平与资源配置效率）也引起了社会福利的损失。本章通过 C-D 生产函数和多元线性回归等方法计算出 1994～2005 年中国农地城市流转带来的社会福利损失是 1325.21 亿元，此数字如此之大，令人悚然。但这个计算结果是在许多假设条件下完成的。首先，正如本章前部分所论述的，农地城市流转的正福利效应除了能增加国民经济福利外，还包含有统筹城乡经济、促进农村剩余劳动力转移等，然而这些效应所产生的价值难以量化，故本文未能研究。因此，本章的研究是显化了农地的经济效益、生态效益和社会保障效益，却淡化了建设用地的其他正福利效应。其次，在中国东部发达地区（如浙江、江苏、上海、广东等），征地安置费中已经计算并包含了失地农民的养老保险费和就业保险费，而本研究为方便统一计算，并未予以考虑。过大的农地过度流转量和社会福利损失是在这一情况下计算出来的。

福利经济学认为，如果每个人在不降低他人的个人满足感的前提下提高了个人的自我满足感，那么社会福利就在增加，反之则减少。然而，该如何定量测度社会福利的变化却是一件非常困难的事情。几十年来，世界许多国家为福利的定量评估展开了深入持久地研究，出现了大量的成果。目前，测度社会（国民）福利的方法主要有：GDP（国生产总值）测度法、MEW（经济福利尺度）、ISEW（可持续经济福利指数）、GPI（真实发展指数）、PQLI（物质生活质量指数）、HDI（人类发展指数）、ISP（社会进步指数）、WISP（加权社会进步指数）、SWB（主观性福利指数、幸福过程指数）等。但是随着研究的深入，福利的内涵愈加丰富和复杂，对福利测算的难度之大已经超出人们最初的想象，用现有的任何单一的方法都无法准确测算福利的真实水平。而且这些评估方法的众多指数当中有哪些和农地城市流转密切相关尚难以确定（即福利变化中哪些是由农地城市流转引起的尚难以界定），因此，本章的研究并没有采用福利指数测度法，而是采用另外一种间接测量方法：以马歇尔的消费者剩余这一传统的福利测度方法为基础，以经济效益、社会效益和生态效益作为福利指标的成本—收益方法。其中肯定还存在许多问题，有待在进一步研究中加以改进。

第5章
农地城市流转的效率和公平

如前所述，中国目前的农地城市流转中存在着社会福利的损失。造成这一现象的原因无外乎以下两点：一是土地资源配置效率低下，二是农地非农化过程中存在着机会不公平和结果不公平。本章将从效率和公平两个角度来分析中国农地城市流转的现状，并揭示造成土地征收低效率和不公平的原因。

5.1 农地城市流转的效率

资源配置的效率问题是由资源的稀缺性和人们欲望的无限性这一对矛盾引发的。土地，作为农业生产和非农生产的必要生产要素之一，在资源非常有限的情况下，究竟是应该将之配置到农业生产部门，以满足人类生存的基本需要，还是应该配置到非农业生产部门，以保障经济的持续稳定增长？这是一个长期以来被许多学者争论不休的问题。由此引发了农地资源非农化配置的效率问题。

福利经济学认为，一个完全竞争的、一般均衡的市场应有资源配置效率。这样的市场体系使得一切商品的价格等于其边际成本，一切生产要素的价格等于其边际生产价值，并且不存在外在性（externality）。在这种经济中，当每一个生产者出自各自利权追求效用最大化时，整个经济将是有效率的或达到了能使任何人变得更好而不使另一些人变得更坏的最优状态（即达到了帕累托最优状态）（Pareto，1935）。

然而，中国的农地城市流转并没有达到帕累托最优状态，而是存在着土地资源配置效率低下的问题。本节在前章的基础上计算中国各省市农地城市流转的效率损失。又因为资源配置最终是通过市场和价格来实现的，论文接下来通过分析土地市场的形成来剖析导致农地城市流转效率低下的原因。

5.1.1　中国农地城市流转的效率损失

5.1.1.1　农地城市流转效率损失的计算

Lin（1992）认为：当用相同的投入量能生产更多的产出，或用较少的投入能生产出同样多的产出时，则认为这种生产是较高效率的。而在前章的计算中我们得出：1994～2005 年，中国 30 个省市均存在着农地的过度非农化流转，造成了资源配置的效率损失。因而，可以用农地过度流转率来衡量农地城市流转的效率损失①，计算公式为

$$EL = 1 - \frac{Q^*(Q^{*\prime})}{Q} \tag{5-1}$$

式中，EL 为效率损失；Q 为实际农地流转量；Q^* 为最优农地流转量 I；$Q^{*\prime}$ 为农地最优流转量 II。得出计算结果如表 5-1 和表 5-2 所示。

表 5-1　中国 1994～2005 年各省市农地城市流转的效率损失 I（考虑农地生态价值）

地区	省份	EL I/%	加权平均/%	地区	省份	EL I/%	加权平均/%	地区	省份	EL I/%	加权平均/%
东部地区	北京	46.2(23)	45.10	中部地区	山西	48.5(22)	53.43	西部地区	广西	52.9(15)	55.98
	天津	57.7(11)			吉林	51.6(17)			四川	63.0(3)	
	河北	41.3(27)			黑龙江	54.0(14)			贵州	57.0(12)	
	辽宁	60.0(5)			江西	58.0(8)			云南	42.6(26)	
	上海	58.9(6)			河南	51.1(18)			西藏	50.8(19)	
	江苏	50.3(20)			湖北	60.1(4)			陕西	52.8(16)	
	福建	34.9(29)			湖南	48.8(21)			甘肃	57.9(9)	
	山东	37.0(28)			安徽	54.3(13)			青海	27.1(30)	
	广东	44.8(24)							宁夏	58.1(7)	
	海南	64.4(1)							新疆	64.4(1)	
	浙江	42.8(25)							内蒙古	57.3(10)	

注：括号中的数字代表排序

---

① 数据包络分析（data envelopment analysis，DEA）和随机前沿生产函数方法（stochastic frontiers，SF）被普遍应用于土地利用效率评价，但其评价的主体往往是企业的土地利用效率，和本书的目的有出入，因此未采用该方法。

表5-2　中国1994～2005年各省市农地城市流转的效率损失Ⅱ

（考虑农地生态价值和社会保障价值）

地　区	省　份	*EL*Ⅱ/%	加权平均/%	地　区	省　份	*EL*Ⅱ/%	加权平均/%	地　区	省　份	*EL*Ⅱ/%	加权平均/%
东部地区	北京	71.2(18)	69.99	中部地区	山西	68.5(20)	73.43	西部地区	广西	67.9(24)	70.98
	天津	82.7(3)			吉林	71.6(16)			四川	78.0(7)	
	河北	66.3(25)			黑龙江	74.0(11)			贵州	72.0(15)	
	辽宁	85.0(1)			江西	78.0(8)			云南	57.6(29)	
	上海	83.9(2)			河南	71.1(17)			西藏	65.8(26)	
	江苏	75.3(9)			湖北	80.1(5)			陕西	67.8(22)	
	福建	59.9(28)			湖南	68.8(21)			甘肃	72.9(13)	
	山东	62.0(27)			安徽	74.3(10)			青海	42.1(30)	
	广东	69.8(19)							宁夏	73.1(12)	
	海南	81.0(4)							新疆	79.4(6)	
	浙江	67.8(22)							内蒙古	72.3(14)	

注：括号中的数字代表排序

5.1.1.2　结论

结论一：从东、中、西部三大地区间的比较看（图5-1、图5-2和图5-3），1994～2005年农地规模按东、中、西依次递增，其比例为1∶1.63∶1.54；而农地非农化的规模基本上按东、中、西依次递减，其比例为2.63∶1.5∶1，说明东部地区的经济发展对土地的需求更大。而东部地区单位建设用地面积增加对GDP的贡献最大（表4-9），也就是单位GDP增量的土地占用率最低。从资源配置效率的角度出发，在保障经济发展的前提下，可赋予东部发达地区更多的建设占用耕地指标，以达到在占用较少耕地指标的情况下产生更多的GDP，从而缓解经济发展与耕地保护的矛盾。

图5-1　1994～2005年东、中、西农地面积比例　　图5-2　1994～2005年东、中、西农地非农化面积比例　　图5-3　1994～2005年东、中、西城市建设固定资产投资比例

结论二：从表5-1和表5-2可以看出，中国1994～2005年阶段存在着大量

的农地城市流转效率损失，说明中国非农化过程中对农地生态价值和社会保障价值的忽略已经造成了很大的农地损失。在经济发展与耕地保护矛盾日益激烈的今天，在做好农地合理流转的同时，更多的是要挖掘非农用地的可利用潜力，以防止更多的耕地继续盲目流失。发达国家和地区的经验表明：经济发展和农地非农化呈倒 U 型的曲线关系（曲福田，2004），经济增长到达一定阶段后，非农化的速度将逐渐减慢，此时的经济发展并不靠农地资源的大量流转，而是转为以技术进步为特征的内涵型发展模式。此时，耕地数量与经济发展进入一个和谐发展的"双赢"阶段。中国的经济发展已经到达了工业反哺农业的高速发展阶段，如果仍按目前的速率进行农地非农化势必将造成经济发展和农地保护的"双亏"。因此，应尽快从粗放经济转变为集约经济，实现严格的农地保护制度，着重促进土地的集约利用和经济的内涵式发展。

结论三：中国农地非农化效率损失存在着较大的空间差异。东部地区无论是效率损失 I 还是效率损失 II 在三个地区中都是最小（图 5-4 和图 5-5），而东部地区单位建设用地面积增加对 GDP 的贡献最大。西部地区的效率损失 I 最大，说明由于西部地区的生态脆弱性，农地城市流转对西部地区的生态环境损害较大，国家西部大开发战略应更注重于生态保护。而中部地区则在农地利用方面具有比较优势，应更加注重于耕地保护。通过调整建设占用耕地指标的空间分配格局和耕地保护区域的空间分配格局将有利于发挥区域的比较优势，有利于解决中国经济发展与耕地保护的矛盾。具体的做法是增加东部地区的建设用地占用耕地指标，同时将基本农田保护的空间格局调整到中西部地区。

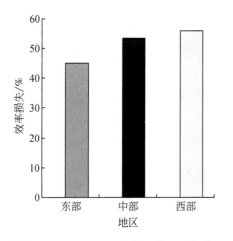

图 5-4 1994～2005 年东、中、西农地
城市流转效率损失 I

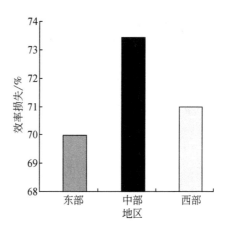

图 5-5 1994～2005 年东、中、西农地
城市流转效率损失 II

5.1.2　农地非农化市场的形成及土地价格扭曲

资源配置最终是在土地市场中通过价格信号的传递实现的，下面通过分析土地市场的形成来剖析导致资源配置效率低下的原因。

由于非农用地的边际收益远远高于农地的边际收益，在市场价格机制和竞争机制的作用下，边际收益较低的土地利用必然向边际收益较高的土地利用转化，农地就必然源源不断地转化为非农用地，这就形成了农地非农化市场。

在农地非农化市场中（表5-3），资源配置通过市场和政府两种方式进行，现阶段农地城市流转的配置方式是首先经过政府征收农村集体所有土地，然后再由政府以划拨或出让的方式将土地使用权转让给用地者，完成农地向建设用地的转化过程（农地非农化）。在这个过程中形成了包含土地征收市场、土地划拨、协议市场和土地招、拍、挂市场在内的多级土地市场和相应的土地价格体系。政府对土地价格的干预造成了农地非农化配置上的效率损失。首先，政府利用其政治垄断制定了过低的土地征收价格，形成了政府对土地征收的价格管制；其次，现阶段主要存在几种出让的方式：协议、招标、拍卖和挂牌等，其所对应的价格依次递增，但只有拍卖和挂牌才基本接近市场竞争价格。而且，还存在一种无偿的转让方式：划拨，作为一种典型的土地计划配置方式，划拨完全排斥了市场竞争机制，其价格比协议价格还要低，因此与协议一样导致农地城市流转的效率损失。

由于土地价格不仅是土地在不同部门（个人）之间配置的信号，也是调节土地供给与需求关系的重要工具。当市场上价格不能代表商品的实际效用时，供需就会产生不平衡。因此，不同的土地价格决定着农地城市流转的数量和速度，也决定着农地城市流转效率损失的大小。正如曲福田和吴丽梅（2004）指出的，不完善的土地市场体系导致的土地价格扭曲，是引起农地非农化配置效率低下、农地过度非农化的主要原因。

表5-3　中国农地城市流转市场体系

市场类型	交易者	交易形式	价格形成	市场竞争程度
土地征收市场	地方政府和集体经济组织	行政征地	政府管制	0
土地一级市场 I	地方政府和土地使用者	划拨、协议	政府定价	极低

市场类型	交易者	交易形式	价格形成	市场竞争程度
土地一级市场Ⅱ	地方政府和土地使用者	招、拍、挂	市场定价	非完全自由竞争
土地二级市场	土地使用者之间	转让、出租、入股等	市场定价	自由竞争

由市场机制形成的招、拍、挂价格虽然能反映传统市场体制下农地资源的价格，但由于土地市场系统仍不能体现农地总价值，按这种价格配置的农地流转量仍偏离了社会最优配置量。而由垄断政府定价的征地、划拨和协议价格，使得资源配置效率进一步降低，农地过度流转量进一步扩大。另外，根据国土资源部的统计，中国大部分土地转让仍以行政划拨与协议转让方式为主，如1996～2004年全国城镇国有土地中划拨用地的面积占到98%以上，而出让土地的面积还不到1%。即使在有偿使用的土地中，运用招标拍卖等方式的比例只有5%左右[1]。因此，在中国的土地市场中，市场机制发挥资源配置效率的空间也很小，目前的土地市场在整体上不能使农地城市流转达到社会最优，存在着大量的资源配置效率损失和农地过度损失。减少政府的行政干预，完善土地市场的配置机制，是现阶段减少农地城市流转效率损失和农地过度流转的重要途径（表5-4）。

表5-4　中国2005年国有土地供应出让情况

出让方式	宗数		土地面积		收入	
	宗数/宗	占比/%	面积/公顷	占比/%	收入/万元	占比/%
招标	1 542.00	0.80	4 623.23	2.30	4 421 824.89	27.27
拍卖	13 495.00	6.99	9 690.40	4.81	9 526 108.30	58.75
租赁	24 907.00	12.91	8 044.13	3.99	96 648.10	0.60
协议	117 692.00	60.99	108 367.68	53.82	1 687 915.65	10.41
划拨	30 581.00	15.85	64 623.29	32.09		
其他	4 764.00	2.47	6 015.87	2.99	482 005.93	2.97

资料来源：《中国国土资源年鉴2006》

---

① http://www.jrj.com.cn/newsread/detail.asp? newsid=726150。

5.2 农地城市流转的公平

根据公平理论，农地城市流转的公平目标应该包括机会公平和结果公平[①]。其中机会公平注重竞争规则的无差异性，即在农地城市流转中，所有参与主体必须具有平等的参与权；结果公平注重通过补偿来保护弱者的基本权利，避免造成严重的两极分化，反映在农地城市流转中，则是指土地增值收益的公平分配。农地城市流转中机会不公平的后果必然是结果不公平，这是资源配置代内、代际不公平的重要原因之一，而结果不公平又会导致新一轮的机会不公平，造成恶性循环。

农地非农化中的公平问题也引起了国内众多学者的关注。许多学者（温铁军和朱守银，1996；曲福田和陈江龙，2001；罗丹等，2004；金兆杯和张友祥，2006；诸培新，2006）实证研究了农地城市流转后各权利主体的利益分配比例，普遍认为现实的分配比例并未体现社会公平（地方政府获利过大，农民和集体经济组织分得的收益很少，即便在农民集体内部，集体组织以土地所有者的身份也获得了较大的比例）。何清涟（1998）认为是由于现行农地非农化制度设计上的缺陷，导致了大量的腐败行为，使国家和农民土地收益大量流失，个别利益集团却通过权力和制度漏洞完成了个人财富积累，加剧了社会财富分配不公。为此，杜新波和孙习稳（2003）指出：在土地资产效益日益显化的今天，不同主体投资土地的目的已开始从利用土地服务本身转向以实现土地的保值增值为目标，土地的增值利益分配必须在不同主体之间得到公平分配，才能充分发挥土地资产效应，提高土地的集约利用水平。罗丹（2004）认为农地城市流转必须遵循的利益分配标准是社会稳定标准和社会公平标准，而这两个标准又是息息相关的，因为只有满足了社会公平标准，才能达到社会稳定。严金明（2007）认为土地转用增值部分应由国家、地方政府、农民集体、农民个人来分享，即由社会共享。土地使用权流转收益分配制度的设计一开始就应建立在公平、合理的基础上，并按市场规则运行（李延荣，2007）。

[①] 在许多文献中，将"机会公平"又分为"起点公平"和"过程公平"，前者是指每个人都具有平等竞争的机会和权利；后者是指在竞争的过程中，竞争规则对每个人都一视同仁，没有任何人能够凌驾于规则之上，因此也称为"规则公平"。本章将两者统称为"机会公平"。

5.2.1　农地城市流转中的机会公平和结果公平

中国现行的土地管理制度、土地征收制度及农地非农化机制还存在许多不健全的方面，这是使得农地城市流转中存在机会不公平和结果不公平的根本原因，主要表现在以下几个方面。

5.2.1.1　现行土地征收制度对农民参与其中的排斥

由于权能的受限，农民在中国现行的征地过程中还无法充分参与到征地的过程中去，因此对于征地的目的性、征地的范围、征收补偿安置和征收安置费用的使用、管理等方面没有充分表达自己意愿的机会，也不能争取足够的措施来保障其合法权益。

其一，中国法律规定，城市土地归国家所有，农村土地除法律规定属于国家所有的以外，归农民集体所有，农民则对集体所有的土地拥有承包经营权。对于承包经营权的性质，有学者理解为"具有物权的效力"，属于一种用益物权；有学者认为承包权属于债权性质；有学者将承包经营权的内容归结为"耕种权、部分收益权以及极其少量的处分权，农民没有转让或转租等权利"。但无论学者在理论上如何界定，终因法律对承包经营权定位本身的模糊性，使得这一权利在国家土地征收制度面前脆弱得不堪一击。

其二，根据《土地管理法》第34条规定，只有国有土地使用权才能上市流转，也就是说，无论为了公共利益还是商业开发，全部都需要通过"征收"这一行政化的手段进行，即征收权的行使是集体土地变为国有的唯一途径。因此在现有的框架下，土地征收的主体是国家，这种征收是国家行政行为，具有强制性，征收土地的标的是集体所有的土地。周其仁（2004）将现行的农村土地征收的政策形象地描述为"三连环"模型：第一环，农地征收。政府根据发展规划，按照一定的行政审批程序，将农地征收为城市用地。在征收制之下，土地并没有被买卖，所以向土地（名义）拥有者支付的只是"补偿"。第二环，向集体支付补偿。农户即使有长期的土地承包权，但在征收之下，农民并没有土地拥有者的权利，在法律上他们个人不是土地的主人，承包合同也不能给他们发言的机会，只好由"集体"（也就是几位乡村权力人物）出面，协调政府征地、领取并分配征地补偿。第三环，土地出让。政府向集体支付了征地补偿金之后，就可以放手出让土地了。这样，在土地征收过程三环中的国家、集体、农民的三方关系中，作为承包经营权人的农民的参与权受到了制度性排斥。因为农民不是征收活动的相对人，土地征收是国家直接与土地所有者即农村集体经济组织进行的，虽然在《农村土地承包法》、《土地管理法》及国土资源部颁发的有关文件中对农民在征地过程中进行参与作了一些程序上的规定①，但因其不具备独立的利益主体地位而不具备谈判能力，事实上被置于了土地买卖的游戏规则之外，成为利益受损的对象。

根据权能的内涵，农民在征地过程中的参与权至少应该包括知情权、利益表达权、获得公正裁决权和救济权。因此，要求征地机关建立土地信息公开制度，向社会特别是向集体和农民公开土地征收的有关情况，赋予集体和农户为维护自身的利益而提出自己的意见、进行评议、辩论或质证的权利，并建立有效的监督与公平裁决机制和公平合理的救济体系。

5.2.1.2 "涨价归公"的补偿机制

在如何确定农地转用过程产生的土地增值的归属问题上，一直以来有三种代表性的观点，一是主张土地增值的部分应该归农民所有的"涨价归农"，这种观点也被人们称之为"涨价归私"；二是主张"涨价归公"，增值部分应该归社会所有；三是主张"合理补偿，剩余归公"。持有"涨价归农"主张者主要是从农民应该拥有土地全部产权、享有土地产权权能派生出的一系列利益出发来论证农民应该获得征地过程中的增值；持"涨价归公"的主张者认为，农地转用过程中的增值，理应归社会所有，因为农地转为非农地之所以涨价，并非土地本身有什么变化，而是由于土地所处的位置以及周边环境发生变化的结果；以周诚为代表的学者认为无论是"涨价归公"还是"涨价归私"都是十分极端的思想，应该"合理补偿，剩余归公，支援全国"，使土地增值收益"公私共享"（周诚，2006）。

"涨价归公"的思想由来已久，按照"涨价归公"概念提出者孙中山先生的话来说，就是土地涨价，"是由于社会改良和工商进步……，这种改良和进步的功劳，还是由众人的力量经营而来的；所以由这种改良和进步之后，所涨高的地价，应该归之大众，不应该归私人所有"。实际上，孙中山先生提出的"涨价归公"是在论述其平均地权思想时提出的，其宗旨是为了避免贫富悬

① 例如，a. 2002 年 8 月 29 日全国人大常委会通过的《农村土地承包法》，不但确认并宣布保护农户的土地使用权和收益权，而且确认并宣布保护农户的土地转让权。其中明文规定："承包方（农民）有权依法自主决定土地承包经营权是否流转和流转的形式"（第 34 条），"国家保护承包方依法、自愿、有偿进行土地承包经营权流转"（第 10 条）。b.《土地管理法》第 48 条规定："征地方案确定后，有关地方人民政府应当公告，并听取被征地的农民集体经济组织和农民的意见"。c. 国土资源部于 2004 年 1 月印发了《关于完善征地补偿安置制度的指导意见》，该指导意见规定征地工作应包括告知程序、确认程序和听证程序，这三个程序都必须有农户的参与或确认。

殊，维护社会公平。

然而，"涨价归公"认为社会应当拥有土地增值收益权，却忽视农民拥有的法律所赋予的土地所有权，从而忽视了失地农民拥有获得充分补偿的权利。国家仅按农地价格补偿失地农民，再加上安置性补偿费，仍然明显低于非农地市场价格。按照中国目前"原用途＋产值倍数"补偿标准计算出的支付给被征地农民的征地补偿费，很大程度上无法维持他们原有的生活。

中国征地补偿机制仍以"涨价归公"为主，"涨价归公"的思想指导了中国土地补偿费用的确定和土地增值收益的分配。从制度上看，《土地管理法》第 55 条规定："新增建设用地的土地有偿使用费，30% 上缴中央财政，70%留给有关地方人民政府，都专项用于耕地开发。"这种补偿机制使政府获得了全部土地增值收益，而将农民排除在土地增值分配机制之外，使他们无法分享土地增值收益，从很大程度上损害了农民的权益。

5.2.1.3　现行补偿标准的非公平性

按照中国现行《土地管理法》第 47 第 6 款规定"……按照被征用土地的原用途给予补偿，……征用耕地的补偿费为该耕地被征用前三年平均产值的 6 ～10 倍。……土地补偿费和安置补偿费补助的总和不得超过被征用前三年平均产值的 30 倍"。法律法规一方面规定征用农地按农地的原用途补偿[①]，同时又规定流转后的市地按照市场价格出让，也就是说出让价格总是高于补偿价格。从此，可以看到：土地征收补偿费由政府行政规定，而非市场决定。并且，补偿标准的上下限之间额度相差近一倍，在执行过程中难以掌握。此外，在现行二元经济结构的条件下，农业处于被剥夺的地位，农产品价格低廉，被征地前三年的产值不足以反映被征土地的市场价值。尤其在中国法制不健全的时期，市场失灵和政府寻租使得农民实际获得的土地补偿额有可能低于法律规定的数额[②]，即便按照征地前农业用地年产值的 6 ～ 10 倍补偿，远不能提供失地农民

---

① 我国法律规定征用农地按农地的原用途补偿，而非市场价格。如 1998 年的《土地管理法》第 47 条规定，征用土地按照被征用土地的原用途给予补偿。征用耕地的补偿费用包括土地补偿费、安置补偿费以及地上附着物和青苗的补偿费。征用耕地的土地补偿费，为该耕地被征用前三年平均产值的 6 ～ 10 倍；征用耕地的安置补偿费，按照需要安置的农业人口数计算。每一个需要安置的农业人口的安置补偿费标准为该耕地被征用前三年平均产值的 4 ～ 6 倍。但是，每公顷被征用耕地的安置补偿费，最高不得超过被征用前三年平均产值的 15 倍。

② 如在第 3 章湖北省典型区域征地补偿的调查中，我们发现：湖北省的实际征地补偿与中国目前使用《土地管理法》中年产值倍数法的补偿标准相差甚远。湖北省的征地补偿大多实施政府定价，采取一次性支付的包干方式将土地补偿费、安置补助费全部发放给村集体（有些地村将青苗和地上附着物也包干），而给予农民的安置补偿费都是由村内部协商解决。

6~10年的生活保障。据有关专家测算，被征地农民人均获得的补偿，按照当地目前物价水平，仅能维持基本生活两年半左右，尤其在城乡经济交错区，补偿费根本不能让失地农民在城镇安居乐业。中国现行的征地补偿标准还无法体现农地城市流转的效率和公平。

除了补偿标准的非公平外，还存在不同征地项目之间补偿不一致的不公平（一般而言，国家征地项目补偿较低，而工业用地和房地产开发项目补偿相对较高）和安置补偿费计算上的不公平（中国已经形成了在就业容易的东部发达地区安置补助费高，而在就业困难的中西部落后地区安置补助费低的"倒挂"局面）（李明月和江华，2005）。

5.2.1.4　各权利主体之间的征地补偿分配不公

据许多典型调查和实证分析证实：在土地征收的利益分配中，县及县级以上政府获得了绝大多数的土地征用收益，而农民利益集团只获得了少量的土地征用收益。而在农民利益集团中，农民个人只获得土地转让收益的6%~10%，其他被村集体拿走，这说明即便在集体和个人之间也存在严重地征地补偿分配不公，如图5-6所示。

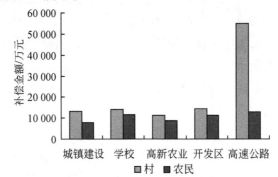

图5-6　湖北省不同征地项目村和农户补偿对比图（1997~2007年平均）

资料来源：华中农业大学土地管理学院课题组，湖北省征地补偿费分配制度研究，2008年1月

从各权利主体的分配关系来看：①中央和地方政府的收入分配比例经历过几次的法律调整，由1989年的40%：60%调整到至今的30%：70%[①]。②地

---

① 中央和地方政府的土地出让金收入分配比例在1989年确定为40%：60%，1992年在财政部出台的《关于国有土地使用权有偿使用收入征收管理的暂行办法》将比例调整为5%：95%，1998年修订的《土地管理法》将全国土地分为十五个等级，按照土地等级收取土地有偿使用费，并规定新增建设用地有偿使用费的30%上缴中央财政，70%留给有关地方政府，专项用于耕地开发；2006年11月7日财政部、国土资源部、中国人民银行发出关于调整新增建设用地的土地有偿使用费的通知，保持征收等别划分不变，征收标准在原有基础上提高1倍，但仍实行中央与地方30%：70%的分成体制。

方政府和集体经济组织的分配关系。地方政府在征地供地两方面的双重垄断为低成本获取土地、高价出让土地提供了可能，使得地方政府获取了绝大多数的土地增值收益，而集体获得的收益在用于村级行政管理事务、发展本村集体经济、改善村内基础设施和生产设施外就所剩无几。沈飞等（2004）对全国35个城市土地征用—出让过程中土地收益分配的关系实证表明：政府和农村集体土地收益的分配比例是17.4∶1，该比例充分说明政府和集体的分配关系已严重失调。③集体经济组织和农民个人的分配关系。土地征用制度的缺陷使得农民个人的承包经营权完全没有被补偿，而只补偿了土地的就业效用，忽视了其长期收益、继承等效用。同时，农民对于征地费用的分配处于弱势地位，集体经济组织对征地补偿费的分配拥有支配权，往往以管理费、分成、提留等各种借口和名目截留农民应得征地补偿费。

5.2.2　农地城市流转中土地增值收益分配不公平的度量——方法与案例

5.2.2.1　收入分配不公平的度量方法

收入分配是经济学研究的重要领域之一，收入分配的不平等状况可以有实证和规范两种方法分析。在国际学术界通用的用来反映收入分配不平等的度量主要有以下几种方法（王海港，2005）。

1）实证方法——实证方法描述收入分配中分散程度的实际模式，并用一种统计量（值）来概括，包含：

a. 排队法（parade of dwarfs）；

b. 相对均值偏离（relative mean deviation）；

c. 频数图及对数频数图；

d. 对数方差；

e. 基尼系数法和洛伦兹曲线；

f. 帕累托分布（Pareto distribution）和对数正态分布（logarithmic normal distribution）；

g. 泰尔指数（Theil index）。

2）规范方法——规范法建立在一种价值判断之上，用社会福利函数度量不平等的程度，包含：

a. 社会福利函数（social welfare function）；

b. 阿特金森指数（Atkinson index）。

上述每种度量方法都有其适用范围和优缺点，且有些方法之间是相容的，如阿特金森和洛伦兹证实了社会福利函数和阿特金森指数与洛伦兹占优强相容。本书中要用到的是社会福利函数法和阿特金森指数法。

5.2.2.2　土地收益分配的洛伦兹曲线

我们运用表5-5中的实证数据来进行土地收益分配不公平的度量分析。

表5-5　2004~2007年武汉市农地城市流转中各权利主体的征地收益分配[①]

年　份	单　位	中央政府	地方政府	集　体	农　民	合　计
2004	元/m²	295.68	448.11	82.36	98.52	924.67
	%	31.98	48.46	8.91	10.65	100
2005	元/m²	305.55	458.68	96.68	102.87	963.78
	%	31.70	47.59	10.03	10.67	100
2006	元/m²	353.75	513.70	103.20	110.40	1 081.05
	%	32.72	47.52	9.55	10.21	100
2007	元/m²	645.19	926.58	159.81	280.87	2 012.45
	%	32.06	46.04	7.94	13.96	100

2004~2007年平均：$R_{中央政府}$: $R_{地方政府}$: $R_{集体}$: $R_{农民}$ = 2.7 : 4.0 : 0.7 : 1.0

资料来源：丁兰，2008

洛伦兹曲线的研究对象是相同权利主体内部的收入分配，而本文的研究对象是不同权利主体之间的分配问题。为能将洛伦兹曲线的研究方法与本研究相结合，假设：农地城市流转中涉及的权利主体——中央政府、地方政府、集体经济组织和农民是同一均质主体[②]。

根据洛伦兹曲线的定义，将表5-4中四个权利主体的征地收益由低往高排，得到的排序是：集体、农民个人、中央政府、地方政府，用水平边标记累计权利主体，垂直边标记累积收入比，连接起来分别得到四条洛伦兹曲线。用对角线 OB 和洛伦兹曲线围成的面积与对角线以下的三角形 OBA 的面积相比则

---

①　在收益分配中，上交给中央政府的税费主要来源有：部分土地出让金、新增建设用地有偿使用费、耕地开垦费、耕地占用税、征地管理费和契税；地方政府获得利益有大部分土地出让金、新增建设用地有偿使用费、新菜地开发建设基金、水利建设基金、征地管理费、水土保持设施补偿费、水土流失防治费和城市基础设施配套费；集体获得的收益有土地补偿费、安置补偿费；农民获得的补偿有安置补偿费、地上附着物补偿费和青苗费等。

②　在第3章的调研中，发现同一集体经济组织内部，征地补偿的分配通常采取的是按人口均分土地补偿款和剩余土地的方法，因此对农户来说，征地收益分配是平等的。而不同集体经济组织和不同地方政府之间，由于发生的征地项目不同也无法进行比较，因此本章尝试用洛伦兹曲线、基尼系数等方法研究不同权利主体之间的分配公平问题。

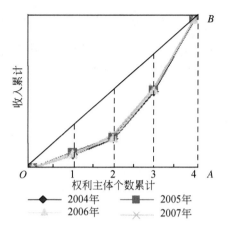

图 5-7　武汉市 2004~2007 年农地城市流转中各权利主体收益分配的
洛伦兹曲线

得到基尼系数。如图 5-7 所示，由于四条洛伦兹曲线有较大程度的重合，说明武汉市 2004~2007 年四年的征地收益在各权利主体间的分配不平等程度大致相同。

为了更清楚地比较各年间收益分配不平等程度的变化，要进一步用到不平等指数（包括基尼系数和阿特金森指数）和社会福利函数。

5. 2. 2. 3　不平等指数及社会福利指数

经济学中构造融入人们价值判断（ethical）的不平等指数的基本思路是：先指定一个单调增加函数 W 作为社会福利函数，对任何收入分配 x，求出满足 $W(\xi(x)e) = W(x)$ 的所谓平等收入等价量 $\xi(x)$，其中 e 是分量全为 1 的向量，然后取 $I(x) = (x - \xi(x))/\bar{x}$ 作为不平等指数，因为 $W(\xi(x)e) = W(x)$ 意味着全社会只需总收入 $n\xi(x)$ 即可达到总收入为 nx 的福利，因此 $n(\bar{x} - \xi(x))$ 是不平等导致的收入"浪费"的总量，从而 $I((x)) = \dfrac{\bar{x} - \xi(x)}{\bar{x}} = \dfrac{n(\bar{x} - \xi(x))}{n\bar{x}}$ 是总收入中浪费掉的份额，可见是利用社会福利函数将分配 x 与某种完全平等的收入分配进行比较来构造不平等指数的。

英国经济学家阿特金森（Atkinson，1970）认为：社会福利与收入分配均衡情况相联系，当全社会收入总量一定时，收入分配越均衡社会福利往往越大。因此在设计度量收入分配均衡程度的指标时，可以联系社会福利状况，让指标在一定程度上反映人们对收入分配不均衡状况的主观感受。

阿特金森考虑了选取 $W(x) = n^{-1} \sum\limits_{i=1}^{n} U(x_i)$ 作为社会福利函数，这时选择适当的严格增加的凹函数 $U(t)$，可使 $W(x)$ 是单调增加的 S-凹的位似函数，他得到的不平等指数为（王祖祥，2001）

$$I(x) = \begin{cases} 1 - \left[\dfrac{1}{n} \sum\limits_{i=1}^{n} \left(\dfrac{x_i}{\bar{x}} \right)^{1-c} \right]^{1/(1-c)} & 0 < c \neq 1 \\ 1 - \left[\prod\limits_{i=1}^{n} \dfrac{x_i}{\bar{x}} \right]^{1/n} & c = 1 \end{cases} \tag{5-2}$$

式中，c 可以解释为决策者为边际效用 $U'(t)$ 的弹性。容易看出 $I(x)$ 满足人口倍增不变性[①]。正是由于基尼系数与阿特金森不平等指数的人口倍增不变性，即使每年的农村集体经济组织和农户人口是变动的，仍可以用它们进行各年间的收入不平等程度的比较。

取 $W(x) = f\left[\sum\limits_{i=1}^{n} [2(n-i)+1]x_i \right]$，其中 f 是单调增函数。由 $W(\xi(x)e)$

$= W(x)$ 可得出 $\xi(x) = \dfrac{\sum\limits_{i=1}^{n} [2(n-i)+1]x_i}{n^2}$，$G(x) = 1 - \xi(x)/\bar{x}$，即得不平等指数为

$$\begin{aligned} G(x) &= 1 - (n^{-2}\bar{x})^{-1} \sum\limits_{i=1}^{n} [2(n-i)+1]x_i \\ &= (n^2 \bar{x})^{-1} \sum\limits_{j=1}^{n} \sum\limits_{i \geqslant j}^{n} (x_i - x_j) \end{aligned} \tag{5-3}$$

这实际上即著名的基尼系数。

设社会中任何人的收入都在区间 $[0, M]$ 之内，这时对收入量为 t 的成员，他与获得收入量属于 $[t, M]$ 的任何成员比较时"比上不足"，也获得收入量属于 $[0, t]$ 的成员比较时"比下有余"。可见可以定义所谓相对剥夺函数。

$$D(t, z) = \begin{cases} z - t & t \leqslant z \\ 0 & t \geqslant z \end{cases}$$

用来表示收入为 t 的成员与收入为 z 的成员相比较时感到被剥夺的数量，收入为 t 的成员感到被剥夺的总量用平均值 $D(t) = n^{-1} \sum\limits_{i=1}^{n} (t, x_i) = n^{-1} \sum\limits_{x_i \geqslant 1}$

① 对有 n 个成员的收入分配 x 重复任何 m 次形成含有 mn 个成员的收入分配 $y = (x, x, \cdots, x)$，如果不平等指数 I 满足 $I(x) = I(y)$，则称 I 满足人口倍增不变性。显然只有不平等指数满足人口倍增不变性时，才有理由利用它比较人口数量不同的收入分配。

$(x_i - t)$ 来表示，用 $S(t) = \bar{x} - D(t)$ 表示收入为 t 的成员感到的相对满足，则全社会的相对满足可用平均值 $w(x) = \dfrac{1}{n}\sum_{j=1}^{n} S(x_j) = \bar{x}\left(1 - \dfrac{1}{n^2\bar{x}}\sum_{j=1}^{n}\sum_{i \geqslant j}(x_i - x_j)\right) = \bar{x}(1 - G(x))$ 来表示，于是得到了表示社会福利的公式 $w(x) = \bar{x}(1 - G(x))$，其中 $1 - G(x)$ 表示的是收入分配的平等程度，$\bar{x}$ 反映的是社会的产出效率，因此可以理解 $w(x)$ 是综合了效率与平等的指数。

表 5-6 武汉市 2004～2007 年农地城市流转中收益分配的不平等指数 I

年 份	基尼系数 G	阿特金森指数		社会福利指数
		$c = 2$	$c = 4$	$w(x) = \bar{x}(1 - G(x))$
2004	0.350	0.380	0.518	150.26
2005	0.334	0.349	0.483	160.47
2006	0.341	0.371	0.506	178.10
2007	0.331	0.361	0.526	336.58

注：阿特金森指数在 $c = 4$ 时比 $c = 2$ 时大是因为 c 值越大表示决策者的平等倾向越强，越倾向于放大不平等的严重程度

5.2.2.4 不平等指数及社会福利指数的修正值

我们知道，并非中央、政府、集体经济组织和农户的收益分配比例等于 1∶1∶1∶1 时就达到了土地增值收益的最合理分配。因此，表 5-6 中的计算结果并不能反映真正的不平等状况，还需要进行修正。

假设 x 为土地流转后的增值收益，当中央、政府、集体和农户的收益分配比例为 $a∶b∶c∶d$ 时（$b > d > c > a$，此时仍然是政府的获利最大，其次是农民，再次是集体和国家），达到了最平等分配水平。

将 x 和 a、b、c、d 分别代入到式（5-2）和式（5-3）中进行计算，分别得到最平等分配水平下的基尼系数、阿特金森指数和社会福利指数[①]。

$$G' = \frac{3(b - a) + (d - c)}{4x(a + b + c + d)}$$

$$I'(2) = 1 - \frac{4}{(a + b + c + d)\left(\dfrac{1}{a} + \dfrac{1}{b} + \dfrac{1}{c} + \dfrac{1}{d}\right)}$$

---

① 即便是在最平等分配状态下，基尼系数和阿特金森指数也不可能等于零，因为 a、b、c、d 的值不相等。

$$I'(4) = 1 - \sqrt[3]{\dfrac{4}{(\dfrac{a+b+c+d}{4a})^3 + (\dfrac{a+b+c+d}{4b})^3 + (\dfrac{a+b+c+d}{4c})^3 + (\dfrac{a+b+c+d}{4d})^3}}$$

$$W'(x) = \dfrac{1}{\dfrac{1}{a} + \dfrac{1}{b} + \dfrac{1}{c} + \dfrac{1}{d}}$$

如果将这四个值分别与表 5-6 中的数据进行比较，可以肯定的是：G'、$I'(2)$ 和 $I'(4)$（$G' > 0$，$I'(2) > 0$，$I'(4) > 0$）的值均要分别小于表 5-6 中前三列的数据，而 $W'(x)$ 要大于表中第四列的数据。将它们与表 5-6 中的数据相减，可得到修正后的不平等指数与社会福利指数，如表 5-7 所示。

表 5-7　武汉市 2004～2007 年农地城市流转中收益分配的不平等指数 II

| 年　份 | 基尼系数 G | 阿特金森指数 | | 社会福利指数 $w(x) = \bar{x}(1 - G(x))$ |
		$c = 2$	$c = 4$	
2004	$0.350 - G'$	$0.380 - I'(2)$	$0.518 - I'(4)$	$W'(x) - 150.26$
2005	$0.334 - G'$	$0.349 - I'(2)$	$0.483 - I'(4)$	$W'(x) - 160.47$
2006	$0.341 - G'$	$0.371 - I'(2)$	$0.506 - I'(4)$	$W'(x) - 178.10$
2007	$0.331 - G'$	$0.361 - I'(2)$	$0.526 - I'(4)$	$W'(x) - 336.58$

5.2.2.5　结论与讨论

结论一：从上述分析我们知道：不平等指数越大表明不平等程度越高，社会福利指数越大表明社会福利状况越好。表 5-7 的结果显示：2004～2005 年征地收益分配的不平等程度有所好转，2005～2006 年有所恶化，2006～2007 年不平等程度又有所减缓。最后一列的福利指数说明，如果从综合效率与公平两方面来考虑，这四年的社会福利却在逐年减少。2007 年的社会福利指数有较大程度地减少，主要原因在于各权利主体所获收益均有较大幅度地提升，收入的平均值 $\bar{x}$ 变大，但效率的提高难以弥补分配不公带来的社会福利损失。

结论二：当 $c = 4$ 时，2007 年的阿特金森指数相对 2006 年的值却有所变大，与基尼系数、当 $c = 2$ 时的阿特金森指数及社会福利指数的变化不一致，说明仅一种指数不能够全面反映收入分配不平等程度和社会福利状况。在计算过程中发现，2007 年阿特金森指数（$c = 4$）变大主要是因为集体所得收益相对均值的偏离过大（各权利主体平均收益是集体所得收益的 3.15 倍），选取更大的 c 值则意味着要将这个不平等倍数放大来考察，这将导致整体不平等程度的增加。

讨论一：洛伦兹曲线、基尼系数和阿特金森指数被广泛应用于同一权利主体间收入分配平等程度的度量。本研究将农地城市流转中的各参与主体视为统一性质的主体，虽有修正，仍与现实存在偏差，但研究的目的不是为了衡量分配不平等程度的绝对值，而是为了考察不平等程度的相对变化（表5-6中数据的绝对值并不能说明任何问题，需要比较的是表5-7中各年间数字的相对变化）。这个尝试是一种大胆的创新，不一定足够严密，其不足之处还有待在后期研究中进一步修正。

讨论二：由于资料来源的限制，本研究只测算了武汉市 2004～2007 年四个年度土地收益分配的不平等指数和社会福利指数，还不足以看出整体变化规律。而且现实中，土地收益分配受到补偿政策、税费、土地出让金的影响较大，不同地域、不同征地项目间的差异也较大，具体情况还需要具体分析。

5.3　农地城市流转中低效率和不公平的深层次原因

肖屹等（2008）认为，政府垄断、市场价格扭曲以及工农产品价格"剪刀差"的存在使得政府剥夺了大部分本该属于农民的土地收益，降低了农民分享土地收益的比例，严重侵害了农民的土地权益。马贤磊和曲福田（2006）认为在中国经济转型时期土地增值收益主要来源于两个途径：一是自然增值（农用地与建设用地价值之差，在完全竞争环境下产生）；二是价格扭曲（包括市场失灵导致的价格扭曲和政府失灵导致的价格扭曲，是由于中国土地市场不健全及政府的垄断干预产生的），其中，价格扭曲在土地增殖收益中占有较大比重。如谭荣和曲福田（2006）计算出 1989～2003 年中国农地非农化的过度性损失 I（未考虑农地的生态价值和社会价值而造成的损失，由市场失灵引起）比例为 44.9%，过度性损失 II 的比例为 21.7%（过度性损失 II 即是指由于政府失灵，扭曲土地价格，排斥市场机制对农地的配置而导致对土地资源过度需求而引起过度的农地损失）。由此，我们得出：市场失灵和政府失灵是导致农地城市流转中低效率和不公平的深层次原因。

如图5-8所示，在完全竞争市场中，设 D_R、S_R 分别表示农地需求曲线和供应曲线，D_U、S_U 分别是建设用地的需求和供应曲线，P_0、P_1 为农地和建设用地的均衡价格。此时，P_0 和 P_1 之间的价格差是农地城市流转的自然增值收益。由于存在着工农产品的价格"剪刀差"，农地需求曲线向下偏移到 D_{R1}，P_0 和 P_0' 之间的差值是工农产品"剪刀差"导致农民利益受损的部分。P_0'' 为政府通过征地垄断压低农地征收时的土地价格，P_0' 和 P_0'' 之间的价格差则是政府低价征用导致农民利益的损失。同时，由于政府还拥有土地供应的垄断权，会抬高城市用地的供应价格至 P_1'，P_1' 与 P_0'' 之间的价格差为现实土地征收中存在的土地增值收益空间。设农地的经济价值和社会保障价值、生态价值具有可加性，D_{R2} 为包含农地社会保障价值及生态价值的需求曲线，此时的均衡价格为 P_0'''，P_0''' 与 P_0 之间价格的差值体现了农地的社会保障价值及生态价值。

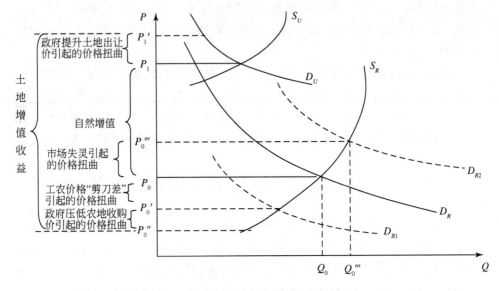

图 5-8 土地征收中土地增值收益的构成

5.3.1 市场失灵（market failure）

农地不仅能为农地所有者和使用者提供农产品，带来经济效益，还能为社会公众提供环境财务及社会福利等服务，具有不可分割性和非排他性。然而，由于存在市场失灵，后者无法通过现实的土地征收价格反映出来。根据征地模型（图5-9），MR 表示边际收益，MPC 表示边际私人成本，主要是指地租、出让金、产业运营的前期土地投入等，MSC 表示边际社会成本，由于存在外部成本（包括生物多样性损失、自然景观损失、食物安全损失、选择价值和存在价值等），MSC 大于 MPC，即出现了边际社会成本与边际私人成本相背离的情况。当市场均衡时，土地均衡量为 OB，土地价格为 P_M，但因为边际社会成本高于边际私人成本，社会最优的土地供给量应为 OC，土地价格应为 P_s。因此，社会福利损失为 EFH，这是由于市场价格不能真正反映土地的生态价值和社会价值造成的，这就是市场失灵，图5-8中的 Q_0Q_0''' 和图5-9中的 BC 可以衡量市场失灵的程度。

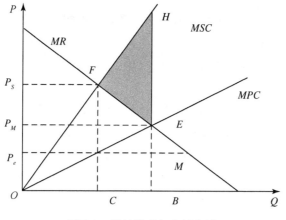

图 5-9　征地模型与市场失灵

　　由于存在市场失灵，缺乏价格信号，土地的社会保障价值和生态价值在中国现行的市场构架和政府政策下，几乎不被市场所涵盖，既没有所有权，也没有价格。因此，即使土地资源按市场价格来配置，其效率也不是最高和最优的，农地的这部分非市场价值往往被人们所忽视，出现无效率地浪费和滥用，导致环境的污染、破坏和失地农民等系列环境和社会问题。为此，非常有必要用科学的方法来估算农地资源的非市场，并将其纳入农地征收的成本核算体系中，这不仅能够弥补市场机制作用不足给农地城市流转决策带来的影响，而且通过提高土地农业利用的比较效益，有效、合理地控制农地城市流转，真正达到缓解农地资源流失的作用。

5.3.2　政府失灵（government failure）

　　在中国现行法律法规下，农民土地收益得不到合理补偿的一个重要原因在于政府凭借其在征地和土地出让方面的垄断地位，通过低价征收农地、高价出让市地的做法"以地生财"、"与民争利"。如在图 5-9 中若政府对农民的征地补偿标准为 P_e，而政府的出让价格为市场价格 P_M。此时，农民获得的补偿额为 OP_eMB，土地的市场总价值为 OP_MEB，农民的合理补偿额减少了 P_eP_MEM，而这部分收益被政府得到，这就造成了社会不公。并且，地方政府获得的并不仅仅是土地的自然增值，还包括土地价格扭曲在内的增值收益。这样地方政府获得的收益额就远高于不存在价格扭曲时的收益额，而且土地价格扭曲越大，地方政府获得的收益就越多，极大地刺激了政府利用行政强制力征收土地的欲望（钱忠好和曲福田，2004），相应地农民获得的就越少。正因为如此，才出现地方政府以"涨价归公"原则为幌子，利用中央政府赋予的征地垄断权力攫取了征地过程中的大部分土地收益，导致农民的权益严重受损。

政府对土地价格的垄断主要体现在两个阶段：第一个阶段是土地征用阶段，即土地的征收垄断，表现为政府压低农地的收购价格；第二个阶段是土地出让阶段，即土地的供给垄断，供给垄断主要通过两种方式：一是凭借土地市场唯一的非农用地供给者的身份，提升土地出让价格，进而获取高额的垄断利润；二是一些地方政府出于招商引资的需要，通过财政补贴的方式，压低土地出让价格，把土地增值收益让渡给土地开发商，即与开发商形成"利益共同体"，以获取其他方面的非土地出让收益的回报（如收取大量的"红包"或回扣）（钱忠好，2004），这种做法造成了国有土地资产的大量流失。

除了市场失灵和政府失灵之外，工农产品价格"剪刀差"的存在严重扭曲了土地收益，造成了现实中用收益倍数法得到的征地价格远远低于真实的耕地价格（任浩和郝进民，2003）。根据万朝林（2003）的估计，1979～2001 年，全国通过工农产品价格"剪刀差"从农民手中剥夺的利益超过 20 000 亿元。

5.4 农地城市流转的目标：公平与效率的统一

5.4.1 中国征地制度的变迁——公平与效率的权衡

中国征地制度的变迁过程同样也是公平与效率的博弈过程。"土地征用"一词始见于 1953 年的《关于国家建设用地办法》，指的是政府为国家建设可以强制性地收取私有土地、公有土地的所有权或原国有土地使用者的使用权，并建立国家的所有权或使用权。从 20 世纪 70 年代末的计划经济时期开始，国家采取无偿分配的方式将土地提供给农民耕种，实现"耕者有其田"，体现了社会主义初期发展阶段"一大二公"的绝对分配公平思想。当国家建设需要时，再以较低的补偿进行征用。国家通过这种方式来降低工业化成本，推动城市化与工业化的快速发展。这种"无偿分配、低价征用"的体制在当时的经济发展背景下，具有一定的合理性，也被社会广泛接受。而到了 90 年代初的经济转型时期，国家进行了中央和地方财政分权改革，地方政府作为经济理性人，具有了寻租的动机，于是把土地资源从边际报酬率低的部门和产业（农业）转向边际报酬高的行业（如工业），即通过圈地来发展地方工业，迅速完成地方经济的资本原始积累。不可否认的是，在这一过程中，土地征用制促进了规模经济的产生，带动了地方工业的迅速发展，具有明显的经济效率。但是，这一阶段的发展已呈现出一定的非均衡态势，带来了社会福利的损失，突出表现为土地征用目标泛化和征地补偿标准偏低，并在一定程度上侵害了农民的土地权益（钱忠好，2005），说明这一时期的制度显失公平。黄小虎（2002）的研究表明：改革开放以来，低价征用农民土地，使农民至少蒙受了200 000亿元的损失，远远超过了农民因工农产品价格"剪刀差"被剥削的6000亿～8000亿元的水平。虽然，中国的征地制度也在不断提高土地补偿的标准，但补偿仍然以农业产值为基础，与农地的市场价值相差甚远，农民仍无法分享土地的增值收益，这是有悖和谐社会全面发展要求的，土地征用制度走到了不得不改革的尽头。

一个社会的发端往往是以效率优先原则起步的，当社会财富积累到一定的程度，公平问题就突出起来①。在效率与公平这对矛盾中，效率一般居于主导地位，效率的提高决定着公平的程度，目前，中国工业化初期的资本原始积累阶段已经初步完成，进入了"以工哺农、以城带乡"的发展阶段，在这一阶段就必须要改革征地补偿制度、提高征地补偿，充分体现集体土地的资产属性，在效率的基础上充分现社会公平。

5.4.2　农地城市流转中公平与效率的互动关系

在资源配置中，公平与效率是相互依存的关系，两者必须统筹兼顾。图5-10反映的是现实农地城市流转中公平与效率的互动关系。

地方政府以其行政手段低成本获得土地，强大的经济利益一方面刺激了地方政府以地敛财，过度圈地使得流转的土地偏离了社会最优配置量，大量土地得不到很好的开发利用而被闲置抛荒或粗放经营，资源配置效率低下；另一方面低价供应土地也为土地开发商日后获得的巨额开发利润提供了可能。而农民获得的补偿与他们的农业产值与家庭生活支出水平相比都是偏低的，导致了农民失地后的生活福利下降，并大大挫伤了农民继续保护农地的积极性。中央和省级政府也由于获得的收益所占比例较小，难以对地方政府形成强大的经济约束机制，保护耕地的措施得不到有力执行，这又进一步引起了农地城市流转中的低效率。因此，农地城市流转中的低效率和不公平是相互影响，互为因果的。根据福利经济学理论，农地资源配置的总目标应该是社会福利的最大化，

---

①　美国经济学家库兹涅茨1995年提出的倒"U型理论"模型分析了经济发展过程中处理公平与效率的时序。研究结果表明：一国经济发展由最初期的收入分配比较平等开始，在其发展过程中，为了提高经济效率，必须扩大收入差距，使社会日益不平等，当经济发展达到一定人均GDP的发达阶段后，收入分配才又重新趋于平等。这一"倒U型理论"实际上是一动态的效率优先理论。

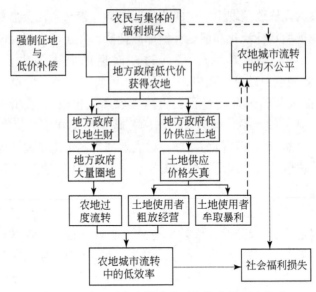

图 5-10　农地城市流转中公平与效率的互动关系

而要实现这一最终目标必须实现公平与效率的统一。

5.4.3　农地城市流转中公平与效率统一

公平与效率的统一与社会福利最大化的实现是全社会经济学家与社会学家、政治学家共同追求的目标。

福利经济学是以公平与效率理论为基础来系统阐述如何实现资源配置中公平与效率统一和社会福利最大化的。衡量资源配置效率的标准主要是帕累托原则（经后来学者修正为帕累托补偿原则），即只要农地城市流转后产生的社会经济收益增加量在补偿了有关权利主体的福利受损值后，净社会经济收益仍是正的，则认为农地资源的配置效率就得到了提高。但是帕累托效率只会产生于完全竞争的市场状态下，由于存在着市场失灵现象，农地的社会保障价值和生态价值难以在现实的市场机制中体现。当市场这只"看不见的手"运作效果不符合公众利益时，则需要政府伸出"看得见的手"加以干预，但干预不应过度，其重点应着眼于如何建立和维持好农地流转机制和土地市场体系，建立完善的社会保障体系，实现资源配置增值收益的公平分配。即政府对由集体土地与土地需求者之间的交易行为"只管理，不介入"，并引入竞争机制，让市场来确定土地价格和经济主体之间的收益分配关系，使得政府制度性租金空间在竞争条件下得以消散或压缩，这样才能使市场的资源配置作用达到最佳，社会福利达到最优。

至于资源配置的公平性原则，不同的学者存在着不同的价值判断（如前面提到的平均主义、罗尔斯主义和功利主义等），但无论何种评判标准，都无法否认的是：在农地城市流转过程中，失地农民的社会福利不应该是下降的，而是随着土地资源配置效率的提高而提高，为了实现这一目标，必须坚持农地非农化配置中的机会公平和结果公平，即为失地农民提供公平地参与土地流转的机会，给予公平补偿，并使他们享有与城镇居民同等的就业机会和社会保障。根据公平的分类和性质，农地城市流转中对农民的公平性应体现在以下两个方面：一是农民在失去土地的时候能够通过公平交易获得该土地价值的全部补偿，有三种实现途径：①国家征用土地时，农民享有充分的参与权、监督权和决策权；②按照土地的市场价格给农民公平、合理的补偿（just compensation）；③农民作为农地的所有者（集体所有者中的一员），可以选择将土地自主开发建设，也可以通过价格谈判将农地出让给其他的非农使用者，也就是允许农地或集体建设用地直接入市。二是农民能与城市居民一样有平等机会享受农地资源配置效率提高后的社会福利。实现的途径有两种：①在平等就业机会的条件下通过就业方式分享社会福利的增加；②建立城乡一体化的社会保障体系使失地农民在病残、失业等状况下获得与社会进步程度相符合的社会保障。

总之，必须从社会福利最大化原则出发，将市场机制、政府宏观调控和社会制衡机制统一起来，兼顾公平和效率，实现资源的最优配置。图5-11为理

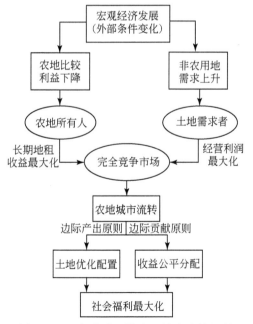

图5-11　理想状态下的农地城市流转机制

想状态下的农地城市流转机制，在这一状态下，由于产权界定充分、交易费用为零，既不存在外部性问题，也不存在因交易和土地利用产生的公平性问题，农地非农化符合帕累托效率原则。

5.5　本章小结

在中国现实的土地征收中，确实存在着效率低下和机会不公、分配不公的问题，造成了社会福利的损失。引起这一现象的原因是多方面的，但最主要原因是中国土地市场发育不健全，土地价格过多地受到政府干预，不能反映出农地的真正价值，导致农地过度流转严重，既降低了农地资源配置的效率，也导致了社会福利分配的不公平。总之，造成农地城市流转效率低下和分配不公的深层次原因可归结为市场失灵和政府失灵，而政府失灵占主导地位，市场则根据被政府扭曲的土地价格进行了偏离最优配置量的农地城市流转。必须找出减少这些原因的方法或途径，实现从个人选择到公共选择。

第6章
结论、讨论与政策建议

6.1 研 究 结 论

（1）农地城市流转的社会福利目标是：社会的总体福利水平达到或超过流转前的水平，各权利主体的福利水平应该随着农地城市流转的进程逐步增加，失地农民应该有平等的机会分享农地资源城市化配置增加的社会福利

根据罗尔斯（1988）的社会福利函数，只有当社会中最差的人的处境得到改善时，社会福利才会增长，这种评判标准充分体现了社会公平。因此，在农地城市流转的过程中，要达到社会福利的最大化，实现效率和公平的统一，必须提高弱势群体——失地农民的福利水平。只有当各权利主体的福利水平随着农地资源城市化配置的进程逐步增加时，社会总福利水平才能超过流转前的水平。即基于社会整体福利改进与社会局部福利改进兼顾、公平与效率相结合的考虑，主张农地城市流转的社会福利目标应该是社会的总体福利达到或超过流转前的水平。且在追求社会整体福利水平提高的同时，不能牺牲农民这一社会局部的福利。

本书通过建立农地城市流转的福利分配模型，得出结论：社会福利绝对量和相对量的大小均与一定阶段内农地城市流转的速度密切相关，必须将农地非农化配置的速率控制在一定水平，方可实现社会福利绝对量和相对量均稳步增长。并通过构建农地城市流转的社会福利函数，得出：当流转的单位面积农地由地方政府和开发商用于开发获得的效用增加量与农民和集体经济组织用于农业生产获得的效用增量相等时，社会福利达到最大；或者说当效率的提高带来的社会福利的增加与公平的降低引起的社会福利的损失相等时，方能实现农地城市流转的社会福利最大化目标。

（2）必须按照农业用地边际生产效益等于非农用地边际生产效益的原则配置土地资源，方可兼顾农地非农化的效率和公平

由于农地城市流转的过程就是两部门竞争农地资源进行生产的过程，根据经济学原理，要达到农地城市流转量的最适度，就要使得土地资源在两部门的

边际收益（边际效用）相等。因此，农业部门的收益可以看成是农地城市流转的成本（机会成本），非农业部门的收益可以看成是农地城市流转的收益。在进行农地城市流转决策时，如果低估了巨额的土地资源开发成本，低地价或无地价必然造成低质量的经济增长；政府必须按照农业用地边际生产效益等于非农用地边际生产效益的原则配置土地资源，方可兼顾农地非农化配置的效率和公平，并实现社会福利最大化。

（3）农地流转造成了集体和农民的福利水平下降，必须给予他们公平、合理的补偿

本书第3章对研究区域内集体和农户的实地调研表明：随着城市化的发展，农民并没有多少机会分享资源重新配置后增加的社会福利，今后很长一段时间之内，农民对土地的依赖都不会从根本上得以缓解；农民并没有公平参与征地谈判和补偿分配的权力，大多数人对征地目的、征地用途和利益分配等都不知情；由于缺乏完善的社会保障体系，农民对土地仍寄以很高的长期经济收益和社会保障的期望。征地后集体经济收入变化、区域环境的变化和社会保障措施也进一步说明了集体福利的下降。村集体在征地后获得的安置补偿费和土地补偿费用难以维持更大的保险支出，还需要政府政策的扶持和更多的资金投入。因此，必须给予集体和农民公平、合理的补偿，才能保证他们的福利水平不下降，进而避免社会矛盾的激化，促进农村剩余劳动力的平稳转移。

（4）农地城市流转能增加经济福利，但却造成了农地生态效益和社会保障功能的大量损失

本书第4章的宏观实证表明：土地由农用流转为建设用地确实能增加经济福利，但如果不把握好农地非农化的度（这里包含两层意思：其一，掌握好农地流转的最优数量；其二是把握好农地非农化的速率），而任其在经济利益的驱动下过度流转，则会带来一系列的社会负效应，导致资源配置效率低下和各权利主体间福利分配不公（本书第2章的福利分配模型也从理论上证实了这一点），最终造成极大的社会福利损失（经计算为1325亿元）。为此，必须按照农业生产的边际效益等于非农业生产的边际效益的原则来配置土地资源，方能实现农地城市流转的社会福利最大化。首先，应大幅度提高征地的补偿标准，不仅使农民得到应有的补偿，还可提高用地单位占用农地的成本；其次，完善农地非农化机制，使更多的土地通过招标、拍卖等方式出让，通过土地价格调节人们对农地城市流转的需求；最后，将土地的非市场价值（生态价值和社会保障价值等）纳入农地的价格核算体系。只有这样，才能增加农地非农化的成本，降低非农建设对农地的过多需求。

（5）造成农地城市流转效率低下和社会不公平的深层次原因在于市场失灵和政府失灵

衡量资源配置效率的主要方法是帕累托原则（经后来学者修正为帕累托补偿原则），即只要农地城市流转后产生的社会经济收益增加量在补偿了有关权利主体的福利受损值后，净社会经济收益仍是正的，则认为农地资源的配置效率就得到了提高。但是在非完全竞争的市场状态下，由于存在着市场失灵现象，农地的外部经济性——社会保障价值和生态价值难以体现，造成补偿价格过低。当市场这只"看不见的手"的运作效果不符合公众利益时，则需要政府伸出"看得见的手"加以干预，但干预不应过度，其重点应着眼于如何建立和维持好农地流转机制和土地市场体系，建立完善的社会保障体系，实现资源配置增值收益的公平分配，即政府对集体土地与土地需求者之间的交易行为"只管理，不介入"。

至于资源配置的公平性，不同的学者存在着不同的价值判断（如前面提到的平均主义、罗尔斯主义和功利主义等），但无论何种评判标准，都无法否认的是：在农地城市流转过程中，失地农民的社会福利不应该是下降的，而应是随着土地资源配置效率的提高而提高，为了实现这一目标，必须坚持农地非农化配置中的机会公平和结果公平，即为失地农民提供公平的参与土地流转的机会，给予公平补偿，并使他们享有与城镇居民同等的就业机会和社会保障。

（6）中国存在着大量的农地城市流转效率损失和农地资源损失，效率损失存在着较大的空间差异

本书第4章的研究证实，中国1994～2005年的农地非农化效率配置损失达到了71.19%，说明非农用地利用效率低下，主要表现为非农用地大量闲置、浪费。在经济发展与耕地保护矛盾日益激烈的今天，除了要做好农地合理流转，更多的是要挖掘非农用地的可利用潜力，开发为利用土地，以防止更多的耕地继续盲目流失。

通过对东、中、西部的比较发现：中国农地非农化效率损失存在着巨大的空间差异，通过调整建设占用耕地指标的空间分配格局和耕地保护区域的空间分配格局将有利于解决中国经济发展与耕地保护的矛盾。具体的措施是增加东部地区建设占用耕地指标，而在中西部地区采取更加严格的耕地保护制度，西部地区则更着重于生态环境的保护。

6.2 不足与展望

6.2.1 本书的不足之处

由于掌握的资料有限，笔者自身能力所限，虽努力钻研，却难克尽不足。

本书存在的不足之处主要有以下几个方面。

1）作为福利经济学的一项应用研究，由于较少前期研究成果可以借鉴，本书的理论深度和福利测度仍有欠缺。理论福利经济学对福利（效用）的直接测量（主观指标体系，SWB），无论是采取基数测量还是序数测量方式，还有许多问题未能很好解决，以致许多经济学者代之以间接测量。本书沿袭了间接测量福利的衣钵，用经济效益、社会保障效益和生态效益作为测量福利的指标，这些客观指标的测量效度建立在福利与它们呈正相关关系的假定基础上。如果能将农地城市流转的其他正福利效应（除了对 GDP 的贡献率外）用一定的指标和计量方法量化，则对于全面的研究有很大帮助。

2）农地城市流转是一个复杂的、多层次的社会经济问题。由于笔者知识和精力有限，本书将各权利主体均作为均质的行为主体来进行研究，而忽略了不同层级地方政府、不同类型集体经济组织及不同区域农民的行为特征的差异，也未考虑地方政府和农民集体内部的委托—代理关系和私人寻租（腐败）行为的影响，这些都有待于今后进一步深入研究。

3）本书第 2 章虽然建立了农地城市流转的理论福利函数，却因为没有各权利主体的福利水平这个因变量的经验数据，加上中间自变量和初始自变量的经验数据也不够完全、完善，所以无法给出具体的函数式，也未能运用经验数据进行规范的多变量计量分析。因此，第 2 章的社会福利函数与第 4 章的社会福利测度有脱节，虽然分别得出了不同的结论，但前者对后者的指导性不强。理想的目标是：①建立一个具有理论价值和实际意义的农地城市流转的福利函数及相应的指标体系，并以此为基础考察农地流转通过各种因素的传递而最终对社会福利的影响；②分别建立针对各权利主体的福利函数，分头计算农地城市流转后的福利变化，汇总得到社会总福利的变化。

4）在本书的写作过程中遇到的另一个难题是数据获取的困难性，即便同一统计年鉴也经常存在统计口径不一致、不连续的问题，不得不从多个来源寻找数据，如各省份各农地类型的数据就分别从《中国土地年鉴》、《全国土管理统计资料》、《中国国土资源年鉴》等中获取。因此，由于各统计年鉴的统计口径不一致，有个别地方不得不进行修正，导致论文的研究结论与现实存在一定偏差。如果能从相关部门获取一致性较强的数据，则更有助于提高本书研究结果的可信度。

6.2.2　进一步研究的方向

农地城市流转是否有价值？本书力图从福利经济学的角度来回答这一问

题，但由于这一宏大的社会经济活动与社会福利之间的关系错综复杂，对农地城市流转社会福利效应的研究也成了一项艰难但又必要的工作，单从几个方面无法将这一问题研究透彻。本书所阐述的内容也许只是这个工作中的一个侧面。

由于时间和研究水平有限，以下是本人在研究过程中已经意识到但还难以解决的问题，有待在以后的研究中有所突破。现陈述如下：

（1）农地城市流转中其他权利主体福利的衡量

农地城市流转是个社会现象，其牵涉的权利主体较多，包括国家、农民、集体、各级政府和开发商。本书仅对集体和农户的福利变化进行了阐述、对国家的福利变化进行了测算，而没有专门研究政府和开发商的福利变化（仅有简单评述）。这些权利主体的福利改变同样关系到社会总福利的变化，关系到各方福利的均衡分配，也关系到国家长期资源配置目标及决策的制定。因此，对其他权利主体福利的衡量也是今后必须要做的功课。

（2）农地城市流转中各权利主体的收益分配

本书第 5 章得出了中国农地城市流转中存在着机会不公平（主要表现在农户没有知情权和参与权）和结果不公平（主要表现在土地增值收益分配不公）的结论，并提出土地收益分配的合理与否决定了土地资源配置的代内公平性，也通过信息反馈机制影响资源配置中市场机制的发挥和资源配置的效率。然而，怎样的分配才是合理的分配？各权利主体之间的利益关系如何调整？特别是在不同的征地类别（公益性征收、非公益性征收和隐形市场下）中地方政府、集体经济组织和农民之间的利益关系该如何调整？这一系列问题都密切关系到各权利主体的福利均衡和社会总福利水平，亟待解决。

（3）农地城市流转效率与公平的评价理论

评价农地城市流转的效率和公平的方法选择是本书中遇到的一大难题，本书用农地过度非农化损失代替效率损失、用修正的基尼系数和阿特金森指数测算不同主体之间的公平分配程度，这种做法是否妥当还有待在时间和空间层次上扩大讨论和验证，还需要进一步学习和探索能较准确地量化评价出农地城市流转效率与公平的有效方法。因此，农地城市流转的效率和公平评价理论和方法有待进一步加以系统和完善。

6.3　相关政策建议

在福利国家中，任何一种社会体制都应当要尽可能地满足它每一个成员的需求。然而在一个集体（社会）中，由于各个个体对所考虑的事物总会存在着价值观念上的差别和个体利益间的冲突，因而对各种事物必然会有不同的偏好态度。将众多不同的个体偏好汇集成一个集体偏好，以对某类事物做出集体选择，是当今社会处理各种重大决策和分配问题的有效手段。在农地城市流转这一复杂的巨大系统中，各权利主体作为独立的理性经济人，各自有着不同的行为准则，单纯依靠市场导向和政府管制导向难以统一偏差甚大的"个人选择"，最终会导致社会福利的损失。越来越多的经济学模型和现实案例都揭示，通过恰当的方式，"存在利益上的冲突并不排除获得一致性"（阿玛蒂亚·森，2004）。这种适当的方式，就是集体选择。必须由集体选择来从社会发展的宏观角度统一各权利主体的效用偏好，实现一个较为和谐的"一致性选择"，并依此制定出城市化流转的配置调控目标、实现机制及相应公共政策，为合理分配和可持续利用土地资源这种公共产品提供政策指导和理论依据。

6.3.1 公共选择要素

参与者、选择方式和选择标准是公共选择的关键要素（乔·B. 史蒂文斯，1999），下面简要地加以说明。

（1）参与者

参与者即各相关权利主体，参与者往往是由获益机会和担心损失而自我选择的。其中，政府仍然是核心管理人，公众参与和公益组织是有效的参与方式。

在农地城市流转中，中央、各级地方政府、集体经济组织和农民都是参与者。在这四者的关系中，地方政府处于主导地位，农民和集体处于弱势地位。要想使土地征用决策能反映各参与者的利益和意志，搭建一个失地农民参与的平台必不可少。政府制定和实施土地征收政策时，要通过与失地农民座谈、对失地农民进行实地访问、接受实地农民的投诉和召开政策论证会、听证会等多种方式广泛征求失地农民的意见，使政府的土地征用决策更加具有民主性和科学性。当前在中国东部发达地区广泛实行了征地价格听证制度，允许农民直接参与，赋予农民参与权、监督权和诉讼权，以此作为失地农民参与权的实现形式。

（2）选择方式

选择方式也称决策方式，这些方式多种多样。如在一个高度集权化社会，独裁者可以做出所有重要决策；而在另一种环境下，大家同意以市场作为分散化决策方式；另外还可以基于人们的专长或能力进行选择，可以等待出现一致，可以为议案投票，可以让代表、精英决策等。

农地城市流转的选择方式是指通过代议和全体参与的方式形成选择。代议者可能包含政府、精英专家或社区代表等，这些选择方式体现在公众参与的决策环节中。

（3）选择标准

经济学家通常考虑两种集体选择的标准：一是经济效率，二是公平。道德、平等、正义、分配作为一个社会可能追求的意愿目标，都属于第二个标准。当效率和公平这两个标准在某一议题上不能在相同方向起作用时，就更为重要。因此，在集体选择中，必须经常进行效率和公平的取舍。

在农地城市流转中，提高效率和体现公平是同时要追求的目标。在两者关系中，效率一般居于主导地位，效率的提高决定着公平的程度，目前，中国工业化初期的资本原始积累阶段已经初步完成，进入了"以工哺农、以城带乡"的发展阶段，在这一阶段就必须要在效率的基础上充分体现社会公平。为此，要改革征地补偿制度、提高征地补偿，充分体现集体土地的资产属性，让失地农民分享社会进步产生的土地增值收益。

6.3.2　政策建议

借助集体选择理论，本研究提出以下几项政策建议，力图能在"看不见的手"（市场杠杆）和"看得见的手"（政府干预）的合力下，在市场机制、政府管制与公众参与的相互制衡下，贴近农地城市流转中不同权利主体的福利均衡点。

6.3.2.1　重构农地产权制度，依据产权结构进行利益分配

根据科斯定理，产权归属清晰是产权制度功能有效发挥的前提。在当今日益复杂的社会经济活动中，只有首先明确谁是产权主体，谁是财产的主人，才可能实现"谁投资、谁所得、谁得益"。马克思主义土地产权理论认为，完整的农地产权是有关农用土地资产的一切权利，包括农地所有权、归属权、占有权、处分权、使用权和收益权。结合中国的土地公有制和现行农地制度在所有权上存在的不足和缺陷，笔者认为合理的权属结构是：国家拥有土地最终所有权，集体经济组织代表国家履行土地所有权权能，农户与集体经济组织签订稳定的土地承包经营合同，农户在承包期内享有土地的归属权、占有权、处分权、发展权和由这些权能产生的收益权。

对于在国家、集体和农民三者之间合理的土地收益分配问题，主要是规范集体用地的流转，允许集体、农民用地进入市场。即土地用途在国家的管制之下，允许集体和农民通过市场的配置直接将农业用地转为非农业用地，并进入

土地一级市场，也可以用自己手中的土地发展第二、第三产业，使农民除了劳动收入之外，可以凭借对土地的权益获得一部分财产收入。虽然允许集体建设用地直接入市流转将意味着政府征地权利的丧失和地方财政收入的大幅减少，但对"帕累托"改进而言，任何一项改革都将面对既得利益者的反对。从长远趋势看，通过这种非农化方式，可以彻底避免政府失灵，农民利益才能真正得到保护。

6.3.2.2　充分尊重农民在土地征用中的主体地位

失地农民是土地征用的重要权利主体之一，失地农民的权益得不到维护，关键在于失地农民的主体性缺失，他们常常被看做是土地征用政策的被动接受者。

（1）要充分尊重失地农民的知情权

知情权是公民保护自身利益和监督公共权利的有效手段。对失地农民来说，要保障其知情权，要求政府在征地中严格遵守公开、公平、公正的原则，在制定征用土地政策特别是涉及失地农民切身利益的政策措施时，必须通过一定的途径和渠道告知失地农民，使其充分了解政府的征地方案、安置措施和相关政策出台的背景。这既是尊重公民权利的基本要求，也是土地征用过程中充分发展失地农民主体性的前提。

（2）要充分保障失地农民的参与权和自主选择权

参与权和自主选择权对于失地农民利益的危害同样至关重要。要使土地征用真正体现失地农民的利益和意志，就必须保证政策和措施的制定有失地农民的代表参与，并确保农民有权利选择自己的农地是否被流转。如果他们认为进入城市将得到比农村更多的收益机会或更高的福利水平，并且预期收益高于进入城市的成本和风险，则选择土地被征用，反之则选择固守农地。因此，一方面，只有让农民拥有自主选择的权利，自主权衡各种利益得失，才能维护农民的权益；另一方面，也使土地征用制度的执行具有广泛的民主基础，维护了社会公平和社会稳定。

（3）要赋予农民监督权和申诉权

为保证征地补偿的公正性，中国应赋予农村集体和农民对于补偿范围、内容、标准及收益分配等问题的申诉权，并对征地过程中发生的纠纷，交由仲裁机构或法院裁决。要在现有土地征用程序的基础上，建立土地征用中的审查制度，强化土地征用公告制度，增加工作透明度。同时，要加大宣传力度，提高农民的法律意识。通过建立公众（农民）参与、公开查询、举行听证及举报等制度，让农民充分行使其在被征地过程中的监督权和上诉权，加强全社会对土地征用过程的监督。规范土地征用行为，防止土地征用过程中腐败行为的发生，消除因征地而引发的各种不安定因素。这一权利的赋予将有利于及时有效地解决纠纷，减少社会执法成本，有利于提高人们守法、执法的自觉性。

6.3.2.3 完善土地征用补偿机制

中国现行的征地补偿制度没有基于产权结构进行土地增值收益的分配，违背了社会公正的基本准则。因此，必须完善土地征用补偿机制，大幅度提高对农民的补偿标准。

（1）细化补偿项目，扩大补偿范围

土地不仅是农民的重要生活资料和基本生活保障，也是农民的一大财富。但现行的土地征用补偿并没有体现土地的财富观，更没有体现农地的社会价值和生态价值。要真正维护农民的合法权益，在制定征地补偿标准时，必须考虑土地对农民的保障功能、土地转用对农民的外部经济性，还要考虑区位和周围投资对土地价格的影响。为此，必须进一步细化补偿项目，扩大补偿范围，建立和完善农用地分等定级和农地价格评估体系。

（2）遵循市场原则，确定较高的征地补偿标准

从理论上讲，市场是决定土地产权价值的最佳手段。应以市场为基础，承认集体土地的商品属性，将土地补偿费、青苗及地上建筑物补偿费、残地补偿费等主要补偿项目的补偿价格参照当前土地市场的价格及土地征用后的用途来确定土地征用的价格，让土地的价值在征用过程中显现出来。将强制性征用转变为交易性的市场购买行为，充分依靠市场这支"看不见的手"来调控土地资源的合理利用，从根源上控制征用后的不合理利用及土地闲置浪费的现象。

（3）科学测量标准，保护农民既得利益

要改革现行的征地补偿制度，适应国民经济不断发展的需要，必须综合考虑当地经济发展水平、征地区位、人均耕地数量、农民人均收入和城镇居民最低生活保障线等诸多因素，划定片区、进行评估、拉开不同征地用途、不同区位、不同层次的土地补偿差距。对征用后打算以招标、拍卖、挂牌方式出让的经营性用地，应视情况相应提高对农民的补偿标准，切实保证被征地农民的合法权利[①]。要明确界定"公共利益"，非公益性建设用地应遵循市场化原则，

---

① 黄祖辉（2002）认为，非农业性质的征地严重损害了集体的土地发展权，降低了土地配置效率，延迟了土地开发时机。对于非公共利益性质的征地项目，在补偿内容中增加土地发展权补偿一项，土地发展权补偿价格由独立的土地估价机构来测算。

允许农民与用地方自行谈判确定补偿安置费数额，引入竞争机制和谈判机制。

（4）实行多样化补偿，提供多形式保障

由于中国地域辽阔，各地区社会经济差异十分明显，采取多样化补偿是适应失地农民不同需求的有效途径。除了提高货币补偿标准外，还可以采取土地入股、出租、留地安置补偿、土地债券补偿和替代地补偿的方式进行补偿，为失地农民提供更多的选择机会。各种安置方式可单一，也可综合，但必须结合被征用地农村的实际情况因地制宜地运用，才能提高效果。

6.3.2.4　健全社会保障体系，解除失地农民后顾之忧

失地农民社会保障是一个庞大的系统，它包括生存保障和发展保障两个方面。生存保障主要包括养老保险、最低生活保障、医疗保险、事业保险等模式类型及其构建；发展保障主要体现在为失地农民增强再就业能力提供服务，为失地农民增强创业能力提供服务平台上。

（1）多渠道筹集失地农民的社会保障基金

加强失地农民社会保障基金的筹集是做好失地农民社会保障的基础和保证。设立社会保障基金是各国社会保障制度的通行做法，按照中国的国情，由国家财政全部负担失地农民的社会保障是不现实的，只能从多渠道筹集失地农民的社会保障基金。目前中国许多地区已经采取"政府补贴一部分、集体出资大部分、个人负担小部分"的原则（即中央政府、地方政府财政拨付一部分，集体经济组织拿出一部分土地补偿安置费和土地补偿费，地方政府拿出一部分农地流转后的增值收益，失地农民从得到的补偿费拿出一部分缴纳社会保障基金，另外还有企业、社会团体和慈善机构的捐赠等），这是一个值得推广的好办法（胡健礼和李永刚，2004），体现了效率原则和公平原则。

另外，还应强化社会保障基金的管理和运营，保证基金的有效管理、高效运营和保值增值，并加强基金监管。

（2）稳步推进失地农民社会保障制度建设

养老、生存和医疗都是农民在失地后最担心的问题。依赖子女供给的传统家庭养老模式给失地农民的养老带来很大的风险（鲍海君和吴次芳，2002）；健全的社会保障体系应该包括养老保险、最低生活保险和医疗保险。对于过去补偿过低的失地农民，至少应当解决其养老保障、基本医疗保障问题。在其符合最低生活保障标准的情况下，应当可以按照当地城镇居民的标准领取最低生活保障金。妥善安置失地农民，变过去的一次性补偿为长远性补偿，如图 6-1所示。

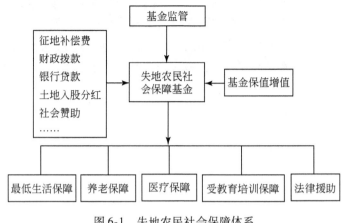

图 6-1　失地农民社会保障体系

（3）完善失地农民再就业机制

在公平补偿集体和农民的同时，还要采取积极措施平稳转移农村剩余劳动力，因为"授人以鱼，不如授人以渔"，前者只能解决农户的短期生活问题，而后者才能彻底解决农民的长远生存问题。应着眼于农民未来的生存和发展，在土地被征用的同时，要积极地创造条件，多渠道为失地农民提供再就业岗位，加大对农民劳动技能的培训力度，鼓励用地单位优先安排被征地农民就业，支持被征地农民自主择业、自主创业，积极营造良好的农民就业扶持环境。让失地农民在推动地方经济发展和维护社会安定稳定中作出更大的贡献。

6.3.2.5　实行国有土地资产有偿使用制度

要严格控制农地城市流转的速度与数量，还必须严格实行国有土地有偿使用制度，大力推行国有土地使用权招标、拍卖，加强土地使用权转让管理，加强地价管理，规范土地审批的行政行为，以切实防止国有土地资产流失。针对中国土地闲置浪费现象比较严重的情况，要在充分运用基准地价成果的基础上，建立以标定地价为核心的国家级、省级地价动态监测系统，做到更有效地调控全国土地市场。只有如此，"圈地运动"才能有效得到扼制。

6.3.2.6　开征财产税

目前，地方政府对土地出让金的收取，带有一定"跨代际"融资的性质，因为建设用地的产权属于国家所有，而所谓的土地出让金实际上是 50～70 年的土地租金的总和。政府的财政收入进一步刺激了其征地行为，造成社会福利的损失。庇古税告诉我们，对负的外部性进行征税等，可以促使资源配置到达社会最优点。财产税的开征将变一次性收取为逐年收取，地方政府集中卖地的冲动会大大减少，转变为平滑收缴税收的土地保有环节，对抑制房地产价格过快增长也大有裨益。另外，财产税本身含有级差地租，地方政府为了增加税收，有足够的动力改善区域环境和提高公共服务质量。

参 考 文 献

Des Gasper. 2005. 人类福利：概念和概念化. 陆丽娜，等译. 世界经济文汇，（3）：65-91.

Little I M D. 1965. 福利经济学评述. 陈彪如译. 北京：商务印书馆.

Marshall A. 1965. 经济学原理. 朱志泰译. 北京：商务印书馆.

阿罗·K. J，拉瑙特·H. 2000. 社会抉择与多准则决策，社会选择：个性与多准则. 北京：首都经济贸易出版社.

阿罗·K. J. 2000. 阿玛蒂亚. 森对社会福利研究的贡献. 胡小娟译. 国外财经，（4）：48-53.

阿玛蒂亚·森. 2002. 以自由看待发展. 任赜，于真译. 北京：中国人民大学出版社.

阿玛蒂亚·森. 2003. 社会选择理论. 见：阿罗 K J，英特里盖特 M D. 数理经济学手册（第 3 卷）. 北京：经济科学出版社.

阿玛蒂亚·森. 2004. 集体选择与社会福利. 胡的的，胡毓达译. 上海：上海科学技术出版社.

包宗顺. 2004. 关于失地农民利益保护的法律对策. 民主与科学，（1）：61.

鲍海君，吴次芳. 2002. 论失地农民社会保障体系建设. 管理世界，（1）：37-42.

毕宝德. 2006. 土地经济学（第 5 版）. 北京：中国人民大学出版社.

庇古. 1951. 福利经济学的几个方面. 经济学杂志，（6）：299-300.

蔡昉. 2006. 中国人口与劳动力问题报告 No. 7：2006——人口转变的社会经济后果. 北京：社会科学文献出版社.

蔡枚杰，陈亮. 2005. 土地征用中的政府行为分析. 华南农业大学学报（社会科学版），（4）：27-30.

蔡枚杰. 2006. 建设用地在经济增长中的贡献研究. 浙江：浙江大学.

蔡银莺，陈莹，任艳胜，等. 2008. 都市休闲农业中农地的非市场价值估算. 资源科学，（2）：305-312.

蔡银莺，李晓云，张安录. 2005. 农地城市流转对区域生态系统服务价值的影响——以大连市为例. 农业现代化研究，（3）：186-189.

蔡银莺，李晓云，张安录. 2006. 耕地资源非市场价值评估初探. 生态经济（学术版），（2）：10-14.

蔡银莺，张安录. 2005. 耕地资源流失与经济发展的关系分析. 中国人口·资源与环境，

（5）：52-57.

蔡银莺，张安录．2006．武汉市农地资源非市场价值研究．资源科学，（6）：104-111.

蔡银莺，张安录．2007．武汉市农地非市场价值评估．生态学报，（2）：763-773.

蔡银莺，宗琪，张安录．2007．江汉平原农地资源价值研究．中国人口・资源与环境，（3）：85-89.

蔡运龙，霍雅勤．2002．耕地非农化的供给驱动．中国土地，（7）：20-22.

蔡运龙，霍雅勤．2006．中国耕地价值重建方法与案例研究．地理科学，（10）：1084-1092.

陈百明．2003．中国土地利用与生态特征区划．北京：气象出版社．

陈福军．2001．中国城市生产函数的初步研究．东北财经大学学报，（1）：13-15.

陈红霞．2002．社会福利思想．北京：社会科学文献出版社．

陈江龙，曲福田，陈雯．2004．农地非农化效率的空间差异及其对土地利用政策调整的启示．管理世界，（8）：37-42.

陈江龙，曲福田．2006．农地非农化与粮食安全：理论与实证分析．南京农业大学学报，29（2）：103-110.

陈珂．2004．中国经济福利的动态及社会福利的可持续改善研究业．武汉：武汉理工大学．

陈利根，陈广会．2003．土地征用制度改革与创新：一个经济学分析框架．中国农村观察，（6）：40-47.

陈锡文．2002．新阶段的农业、农村和农民问题．社会主义经济与理论实践，（3）：23-26.

陈莹．2008．土地征收补偿及利益关系研究——湖北省的实证研究．武汉：华中农业大学．

陈映芳．2003．征地农民的市民化——上海市的调查．华东师范大学学报（哲学社会科学版），（5）：88-95.

陈志国．2005．持续熊市背景下养老基金的资产负债管理——瑞士养老保险基金管理经验及其启示．人口与经济，（3）：72-76.

陈志国．2005-04-20．发展中国家农村养老保障构架与中国农村养老保险模式选择．第二届"北大CCISSR（赛瑟）论坛"．

程国栋，徐中民，徐进祥．2005．建立中国国民幸福生活核算体系的构想．地理学报，（6）：883-893.

程文仕，曹春，陈英，等．2006．意愿调查法在征地区片综合地价评估中的应用——以兰州市安宁区城市规划区征地区片综合地价评估为例．中国土地科学，（5）：20-25.

戴廉．2006．"幸福指数"量化和谐社会．瞭望新闻周刊，（11）：24-26.

邓大才．2000．效率和公平博弈：中国农地产权制度的变迁轨迹．理论建设，（3）：35-41.

丁成日．2006．土地政策改革时期的城市空间发展：北京的实证分析．城市发展研究，（2）：42-52.

丁兰．2008．土地征收过程中的利益分配研究．武汉：华中农业大学．

杜斌，张坤民，温宗国，等．2004．可持续经济福利指数衡量城市可持续性的应用研究．环境保护，（8）：51-54.

杜文星，黄贤金．2005．区域农户农地流转意愿差异及其驱动力研究——以上海市、南京市、泰州市、扬州市农户调查为例. 资源科学, (6): 90-94.

杜新波, 孙习稳. 2003. 城市土地增值原理与收益分配分析. 中国房地产, (8): 38-41.

冯海发. 1988. 亦论兼业化农业的历史命运——与陆一香同志商榷. 中国农村经济, (11): 1-6.

傅泽强, 蔡运龙, 杨友孝. 2001. 中国粮食安全与耕地资源变化的相关分析. 自然资源学报, (7): 313-319.

甘藏春. 2007. 坚守耕地红线是各级政府的共同责任——在河南省政府土地专项督察工作汇报会上的讲话. 国土资源通讯, (11): 7-42.

高进云, 乔荣锋. 2007. 农地城市流转中的农民福利变化——一个经济学的分析框架. 中国房地产研究, (1): 33-47.

高进云. 2008. 农地城市流转中农民福利变化研究. 武汉: 华中农业大学.

高珊. 2004. 江苏省农村土地征用与收益分配研究. 中国人口、资源与环境, (2): 54-58.

高魏, 闵捷, 张安录. 2007. 基于岭回归的农地城市流转影响因素分析. 中国土地科学, (3): 51-58.

耿玉环. 2007. 论中国耕地保护与粮食安全. 资源开发与市场, 23 (10): 906-909.

公维才. 2005. 失地补偿安置制度改革: 保障农民利益、保护土地资源的关键. 人口与经济, (5): 64-68.

郭贯成. 2001. 耕地面积变化与经济发展水平的相关分析——以江苏十三个市为例. 长江流域资源与环境, (9): 440-447.

郭熙保, 王万珺. 2006. 土地发展权、农地征用及征地补偿制度. 河南社会科学, (4): 18-21.

国家土地管理局保护耕地专题调研课题组. 1998. 近年来中国耕地变化情况及中期发展趋势. 中国社会科学, (1): 75-79.

国土资源办公厅. 1999-2002. 国土资源调研报告. 北京: 中国大地出版社.

韩冰华. 2005. 地资源合理配置的制度经济学分析. 北京: 中国农业出版社.

韩松. 2004. 多目标规划与福利评判标准. 经济数学, (9): 223-228.

汉斯范登德尔, 本范韦尔瑟芬. 1999. 民主与福利经济学. 陈刚, 等译. 中国社会科学出版社.

杭行, 刘伟亭. 2003. 关于社会福利制度的深层次思考. 复旦学报 (社会科学版), (4): 58-64.

郝春虹. 2005. 税收累进程度优化: 社会福利函数公平与效率的双重权衡. 财经论纵, (1): 45-50.

何大量. 2002. 公平与效率均衡及路径分析. 南京: 南京师范大学.

何广前, 晏维龙. 2006. 流通垄断的福利经济学分析及其测度. 商业经济与管理, (9): 15-18.

何清涟. 1998. 现代化的陷阱——当代中国的经济社会问题. 北京: 今日中国出版社.

贺春临, 周长城. 2002. 福利概念与生活质量指标——欧洲生活质量指标体系的概念框架和结构研究. 国外社会科学, (1)：51-55.

亨廷顿, 张铭, 谢岳, 等. 1994. 文明的冲突？（二）—— 现代外国哲学社会. 科学文摘, (9)：20-22.

侯远潮, 许世林. 2005. 农村社会养老保险的福利经济分析和路径选择. 湖北社会科学, (10)：86-87.

胡健礼, 李永刚. 2004-03-25. 京郊失地农民首享养老保险. 京华时报, 第 A06 版.

胡象明. 2002. 广义的社会福利理论及其对公共政策的意义. 武汉大学学报（社会科学版）, 426-431.

黄烈佳. 2006. 农地城市流转及其决策研究. 武汉：华中农业大学.

黄贤金, 方鹏. 2002. 中国农村土地流转的形成机理、运行方式及制度规范研究. 江苏社会科学, (2)：48-54.

黄小虎. 1996. 严格控制城市外延扩展的几个问题. 中国农村观察, (6)：30-34, 47.

黄小虎. 2002. 征地制度改革的经济学思考. 中国土地, (8)：22-24.

黄有光. 1991. 福利经济学. 周建明译. 北京：中国友谊出版社.

黄有光. 2005. 社会福祉与经济政策. 唐翔译. 北京：北京大学出版社.

黄征学. 2006. 土地征用存在的问题及其对策思路. http：//house. focus. cn/news/2006-05-09/203740. html ［2006-05-09］

黄祖辉, 汪晖. 2002. 非公共利益性质的征地行为与土地发展权补偿. 经济研究, (5)：66-71.

黄祖辉, 俞宁. 2007. 失地农民培训意愿的影响因素分析及其对策研究. 浙江大学学报（人文社会科学版）(3)：135-142.

霍雅勤, 蔡运龙. 2003. 耕地资源价值评价与重建. 干旱区资源与环境, (5)：81-85.

冀名峰. 2004. 关于解决农民失地失业问题的几点思考. 农业经济问题, (5)：13-16.

建设部财务司. 1999-2006. 中国城市建设统计年报 1998-2005. 北京：中国建筑工业出版社.

姜海. 2006. 转型时期农地非农化机制研究：基于主体行为的分析. 南京：南京农业大学.

金兆怀, 张友祥. 2006. 失地农民的权益损失与保障机制分析. 经济学动态, (6)：14-20.

瞿长福. 2004. 谁来守住耕地底线——近年来农村土地问题调查. 中国土地, (4)：17-20.

肯尼斯·J. 阿罗. 2000. 阿玛蒂亚·森对社会福利研究的贡献. 胡小娟译. 国外财经, (4)：48-53.

孔善广. 2005. 农民不需要这样的城市化. 中国社会导刊, (5)：35-36.

李成, 史健. 2002. 农村土地使用权流转的形式及作用——以山东日照市为例. 资源·产业, (4)：55-57.

李洪波. 2007. 征地冲突研究. 武汉：华中科技大学.

李军杰. 2007. 土地调控应着力于土地利益分配的再调整——兼论当前土地调控的政策效应. (10)：57-60.

李雷艳, 周介铭. 2005. 成都市城市空间扩展与城郊农地城市流转驱动力分析. 技术与市场, (9)：60-62.

李明月，江华. 2005. 征地补偿标准的公平性研究. 调研世界，（10）：19-21，26.

李晓龙. 2007. 经济增长与耕地非农化的互动关系研究——以湖北省为例. 武汉：华中农业大学.

李晓云，张安录. 2003. 城乡生态经济交错区农地城市流转 PSR 机理与政府决策探讨. 中国土地科学，（5）：9-13.

李秀彬. 1999. 中国近 20 年来耕地面积的变化及其政策启示. 自然资源学报，（4）：329-333.

李延荣. 2007. 集体土地使用权流转中几个值得注意的问题. 法学杂志，（5）：55-57.

李子江. 1999. 集体选择与社会福利——阿玛蒂亚·森的社会选择理论评述. 江汉论坛，（4）：25-26.

粮食安全与耕地保护课题组. 2009. 粮食安全与耕地保护. http：//rdi：cass. cn/uploadfile/200933174322. doc［2010-11-22］.

廖小军. 2005. 中国失地农民研究. 北京：社会科学文献出版社.

林柏生，李政德. 2006. 国防支出、随机成长与福利. 经济论文（中央研究院经济研究所），34（1）：127-160.

林元兴，刘文棚. 1987. 地下水资源价值之研究——条件评价法之应用. 台湾土地金融季刊，35（3）：33-67.

刘海云. 2006. 城市化进程中的失地农民问题研究. 保定：河北农业大学.

刘红萍，杨钢桥. 2005. 城市住宅用地空间扩张机制与调控对策. 经济地理，（1）：109-118.

刘慧芳. 2002. 论中国农地地价的构成与量化. 中国土地科学，14（3）：15-18.

刘继同. 2002. 由集体福利到市场福利——转型时期中国农民福利政策模式研究. 中国农村观察，（5）：36-44.

刘家顺. 2003. 基于可持续发展的资源战略管理机制研究. 天津：天津大学.

刘丽军. 2007. 基于经济增长的耕地非农化收敛性研究. 北京：中国农业科学院.

刘田. 2002. 聚焦农民土地权利——农村土地制度创新走势评略. 中国土地，（11）：2-7.

刘小兵. 2004. 个人合作提供公共品的实验研究. 管理世界，（2）：50-55.

刘元春. 1999. 福利、公平、贫困与饥荒——评阿马蒂亚·森对福利经济学的贡献. 教学与研究，（4）：38-42.

刘正山. 2005. 涨价收益应该归谁？——与周诚先生再商榷. 中国土地，（8）：35-57，45.

刘祝环. 2006. 阿玛蒂亚·森对福利论理的贡献. 成都：西南大学.

吕彦彬，王富河. 2004. 落后地区土地征用利益分配——以 M 县为例. 中国农村经济，（2）：50-56.

罗伯特·S. 平狄克，丹尼尔·L. 鲁宾费尔德. 2006. 西方经济学. 王世磊，等译. 北京：中国人民大学出版社.

罗丹，严瑞珍，陈洁. 2004. 不同农地土地非农化模式下的利益分配机制比较研究. 管理世界，（9）：87-156.

罗尔斯．1988．正义论．何怀宏，何包钢，廖中白译．北京：中国社会科学出版社．

罗迈尼辛·M. 约翰．1990．社会福利观念的变迁．辛炳尧译．厦门：厦门大学出版社．

马贤磊，曲福田．2006．经济转型期土地征收增值收益形成机理及其分配．中国土地科学，
（10）：2-6.

麦可苏利文．1989．社会学与社会福利．古允文译．桂冠图书股份有限公司．

毛泓，杨钢桥．2000．试论土地利益分配．中南财经大学学报，（2）：31-33.

米歇尔，佩尔伦．2001．布迪厄的场合福利社会学．方卫华译．国外社会学．（5）：35-41.

闵捷，张安录．2004．农地城市流转特征分析．国土资源科技管理，（6）：120-124.

尼古拉斯巴尔，大卫怀恩斯．2000．福利经济学前沿问题．北京：中国税务出版社．

裴小林．1999．集体土地制中国乡村工业发展和渐进转轨的根源．经济研究，（6）：45-
51，70.

彭开丽，李洪波．2006．美国的土地征用补偿制度及其对中国的启示．农业科技管理，（6）：
49-51.

彭开丽，张鹏，张安录．2008．农地城市流转中不同权利主体的福利均衡分析．中国人口、
资源与环境，（5）：137-142.

彭开丽．2006．征地过程中负外部性的产生原因、主要表现及对策建议．中国市场，（3）：
31-32.

钱忠好，曲福田．2004．规范政府土地征用行为 切实保障农民土地权益．中国农村经济，
（12）：4-9，64.

钱忠好．2003．中国农地保护政策的理性反思．中国土地科学，（5）：14-18.

钱忠好．2004．土地征用：均衡与非均衡——对现行中国土地征用制度的经济分析．管理
世界，（12）：50-54.

钱忠好．2005．现行土地征用制度的理性反思．南京社会科学，（1）：1-5.

钱忠好．2002．农村土地承包经营权产权残缺与市场流转困境：理论与政策分析．管理世
界，35-45.

乔·B. 史蒂文斯．1999．集体选择经济学．杨晓维译．上海：上海人民出版社——三联
书店．

乔荣锋，高进云，周智．2008．张安录武汉市洪山区农地城市流转概率预测．资源科学，
（4）：585-590.

秦晖．2001．优化配置？土地福利？——关于农村土地制度的思考．新财经，（9）：66-67.

曲福田，陈江龙，陈雯．2005．农地非农化经济驱动机制的理论分析与实证研究．自然资源
学报，（2）：231-241.

曲福田，陈江龙．2001．两岸经济成长阶段农地非农化的比较研究．中国土地科学，（6）：
5-9.

曲福田，冯淑怡，俞红．2001．土地价格及分配关系与农地非农化经济机制研究——以经济
发达地区为例．中国农村经济，（12）：54-60.

曲福田，冯淑怡，诸培新，等．2004．制度安排、价格机制与农地非农化研究．经济学

（季刊），（4）：229-248.

曲福田，吴丽梅. 2004. 经济增长与耕地非农化的库兹涅茨曲线假说及验证. 资源科学，（5）：61-67.

屈锡华，王海忠. 1995. 经济增长中的社会福利模型. 经济研究，（5）：33；70-73.

乔·B. 史蒂文斯. 1999. 集体选择经济学. 杨晓维译. 上海：上海人民出版社.

任浩，郝晋珉. 2003. 剪刀差对农地价格的影响. 中国土地科学，（3）：38-43.

任太增. 2000. 公平、效率与社会福利. 河南师范大学学报（哲学社会科学版），（2）：26-28.

任艳胜，张安录，王世新，等. 2006. 农地价值与农户福利补偿研究——以武汉市为例. 生态经济，（9）：29-31，49.

尚晓援. 2001. 从福利国家到多元福利——南京市和兰州市社会福利服务的案例研究. 清华大学学报，（4）：16-23.

邵绘春，诸培新，曲福田. 2008. 农地价值表现及其对农户土地经营决策的影响——以南京市城市边缘区农户为例，中国土地科学：（4）61-66.

沈飞，朱道林，严继业. 2004. 中国土地征用制度对农村集体经济福利的影响，农村经济：（9）：23-25.

沈海虹. 2006. "集体选择"视野下的城市遗产保护研究. 上海：同济大学.

盛广恒，郭剑平. 2005. 城市化过程中耕地非农化的机会成本分析. 河海大学学报（哲学社会科学版），（3）：42-45.

石佑启，苗志江. 2008. 论农村土地征收中的公平补偿. 湖北警官学院学报，（2）：5-10.

孙海兵，张安录. 2004. 农地城市流转决策优化研究. 地域研究与开发，（5）：116-119.

孙海兵，张安录. 2006. 论农地的外部效益与补偿. 生态经济，（4）：66-68.

孙宪华. 2000. 生活福利的衡量. 江苏统计，（6）：26.

孙月平，刘俊，谭军. 2004. 应用福利经济学. 北京：经济管理出版社.

谭荣，曲福田，郭忠兴. 2005. 中国耕地非农化对经济增长贡献的地区差异分析. 长江流域资源与环境，（3）：253-257.

谭荣，曲福田，吴丽梅. 2004. 中国农地征用的经济学分析——一个理论模型. 农业经济问题，（10）：41-44.

谭荣，曲福田. 2006. 中国土地非农化配置：从两难到双赢. 管理世界，（12）：50-66.

谭荣，曲福田. 2007. 农地非农化代际配置与农地资源损失. 中国人口. 资源与环境，（3）：28-34.

陶一桃. 2000. 庇古与福利经济学的产生. 特区经济，（8）：51-52.

田国强，杨立岩. 2006. 对"幸福——收入之谜"的一个解答. 经济研究，（11）：4-15.

童立里，肖洪安，李建强. 2007. 农地非农化对经济增长的贡献分析——以四川省为例. 经济师，（5）：53-54.

万朝林. 2003. 失地农民权益流失与保障. 经济体制改革，（6）：73-76.

王爱民. 2004. 用统筹城乡发展的思路解决农村剩余劳动力转移的问题. 理论前沿，（2）：

12-13.

王海港. 2005. 收入分配不平等的概念及其度量综述. 阴山学刊, (5): 98-105.

王茂富. 2005. 水利工程的农村移民的福利研究. 武汉: 华中科技大学.

王时芬. 2005. 发展经济学中的社会选择理论——介绍一种社会福利衡量方法. 上海经济研究, (8): 84-88.

王世元. 1999-2005. 中国国土资源年鉴. 北京: 中华人民共和国国土资源部.

王晓燕. 2004. 解读福利经济学. 石家庄经济学院学报, (10): 558-561.

王雅鹏. 2002. 有关粮食安全的几个问题探讨. 粮食问题研究, (1): 9-14.

王银凤. 2006. 农村剩余劳动力转移的根本途径. 统计与决策, (7): 72-73.

王志凯. 2004. 比较福利经济分析. 浙江: 浙江大学出版社.

王祖祥. 2001. 收入不平等程度的度量方法研究. 经济评论, (5): 71-74.

温铁军, 朱守银. 1996. 土地资本的增殖收益及其分配——县以下地方政府资本原始积累与农村小城镇建设中的土地问题. 中国土地, (4): 24-27.

吴次芳, 谭永忠. 2002. 制度缺陷与耕地保护. 中国农村经济, (7): 69-73.

吴次芳, 杨志荣. 2008. 经济发达地区农地非农化的驱动因素比较研究: 理论与实证. 浙江大学学报 (人文社会科学版), (2): 48-54.

吴群, 郭贯成, 万丽平. 2006. 经济增长与耕地资源数量变化: 国际比较及其启示. 资源科学, 24 (4): 45-51.

吴晓东. 2002. 中国养老问题的国情背景. 经济学家, (1): 123, 124.

吴旬. 2004. 土地价格、地方政府竞争与政府失灵. 中国土地科学, (4): 10-14.

吴姚东. 2000. 当代国外福利测算方法研究——福利与国内生产总值关系的实证分析. 经济评论, (6): 57-60.

吴郁玲, 曲福田. 2006. 冯忠垒中国开发区土地资源配置效率的区域差异研究. 中国人口. 资源与环境, (5): 112-116.

吴郁玲, 曲福田. 2007. 中国城市土地集约利用的影响机理: 理论与实证研究. 资源科学, (6): 106-113.

吴郁玲. 2006. 中国开发区土地资源配置效率的区域差异研究. 中国人口、资源与环境, (5): 112-116.

伍黎芝. 2000. 耕地流失的经济机理及对策建议. 中国人口. 资源与环境, (10): 73-75.

伍山林. 2000. 中国粮食生产区域特征与成因研究——市场化改革以来的实证分析. 经济研究, (10): 38-45.

肖屹, 郭玉燕. 2005. 对土地征用中外部性的经济学思考. 国土资源科技管理, (4): 29-33.

肖屹, 曲福田, 钱忠好, 等. 2008. 土地征用中农民土地权益受损程度研究——以江苏省为例. 农业经济问题, (3): 77-83.

谢高地, 鲁春霞, 冷允法, 等. 2003. 青藏高原生态资产的价值评估. 自然资源学报, (2): 189-196.

新华社. 2007. 胡锦涛在党的十七大上的报告. http：//news. xinhuanet. com/newscenter/
　　2007-10/24/content 6938568. htm［2007-10-24］.

徐延辉. 2001. 西方社会福利及其可持续发展路径探悉. 社会学研究，（1）：76-81.

徐延辉. 2005. 福利国家运行的经济社会学分析. 社会主义研究，（1）：88-90.

徐中民，陈东景，张志强，等. 2002. 中国 1999 年的生态足迹分析. 土壤学报，（5）：
　　441-445.

徐中民，张志强，程国栋. 2000. 甘肃省 1998 年生态足迹计算与分析. 地理学报，（9）：
　　607-616.

徐中民，张志强，程国栋. 2000. 可持续发展定量研究的几种新方法评价. 中国人口. 资源
　　与环境，（2）：60-64.

许宝键. 2006. 城市化进程中的农地转用问题研究. 北京：中国农业出版社.

许海燕. 2005. 构建农村社会养老保险制度的基本思路. 农村经济，（11）：76-77.

薛立刚，赵继. 2005. 新农村城镇化中农民失地补偿问题分析及对策探讨. 北方工业大学
　　学报，（4）：6-10.

严飞. 2005. 农村社会养老保险的福利经济分析和路径选择. 统计与决策，（19）：64-65.

杨军炜. 2004. 甘肃河西走廊传统粮区农户土地流转特征研究. 甘肃农业大学学报，（4）：
　　470-474.

杨缅昆. 2006. 国民福利：核算理论和方法. 统计研究，（5）：18-22.

杨涛，朱博文. 2002. 农村土地流转的效益分析与对策思考. 农现代化研究，（3）：
　　106-109.

杨文杰. 2005. 集体土地所有权主体的法律定位. 甘肃农业，（12）：80-81.

杨秀丽，索志林. 2006. 中日农村社会保障制度比较及其借鉴. 商业研究，（16）：
　　109-110.

杨雪，郝新宇，王春明，等. 2008. 基于公平性的征地补偿方案研究. 中国土地科学，（3）：
　　4-10.

杨志荣，吴次芳，刘勇. 2008. 中国东、中、西部地区农地非农化进程的影响因素. 经济
　　地理，（2）：286-290，317.

严金明. 2007. 增值利益应公平分配. http：//www. sina. com. cn［2007-09-11］.

叶光. 2003. 汇率变动对国民福利的影响研究. 西安：西安理工大学.

余传贵. 2002. 制度安排. 资源利用效率. 国民经济福利. 河北学刊，（1）：56-59.

余仕麟. 2006. 福利经济学：最具伦理意蕴的经济学说. 西南民族大学学报（人文社科版），
　　（1）：162-167.

原玉延. 2005. 城市土地管理："三权分离"与收益分配. 经济问题，（1）：21-23.

臧俊梅，王万茂，陈茵茵. 2008. 农地非农化中土地增值分配与失地农民权益保障研究——
　　基于农地发展权视角的分析. 农业经济问题，（2）：80-85.

占俊英. 2004. 农业产业化与农村剩余劳动力转移. 中南财经政法大学学报，（1）：14-18.

张安录，毛泓. 2000. 农地城市流转：途径、方式及特征. 地理学与国土研究，（2）：

17-22.

张安录，陶建平. 1999. 论城乡生态经济交错区土地资源管理的原则. 华中师范大学学报（自然科学版），(2)：291-295.

张安录. 1996. 生态经济交错区的土地开发管理. 地域研究与开发，(3)：35-38.

张安录. 2000. 美国农地保护的政策措施. 世界农业，(1)：8-10.

张安录. 1999. 城乡生态经济交错区农地城市流转机制与制度创新. 中国农村经济，(7)：43-49.

张德威. 2007. 关于完善失地农民补偿方式的几点设想. 商场现代化，(8)：76.

张光宏，彭小贵. 2006. 农地产权制度：基本矛盾下的博弈分析. 农业经济问题，(4)：9-12.

张恒龙，陈宪. 2006. 社会选择理论研究综述. 浙江大学学报（人文社会科学版），(3)：80-87.

张慧芳. 2005. 土地征用问题研究：基于效率与公平框架下的解释与制度设计. 北京：经济科学出版社.

张丽君. 2004. 可持续发展指标体系建设的国际进展. 国土资源情报，(4)：7-15.

张士功. 2005. 中国耕地资源的基本态势及其近年来数量变化研究. 中国农学通报，(6)：374-378.

张照新. 2002. 中国农村土地流转市场发展及其方式. 中国农村经济，(2)：19-24，32.

张志强，程国栋，徐中民. 2002. 可持续发展评估指标（体系）、方法及应用研究. 冰川冻土，(4)：334-360

赵瑞红，陈红霞. 2005. 农地征用补偿安置制度研究综述. 南京财经大学学报，(5)：27-31.

郑功成. 2000. 社会保障学——理念、制度、实践与思辨. 北京：商务印书馆.

郑秋云. 2005. 社会福利函数中的拓扑学方法. 湘潭：湘潭大学.

中国农村土地制度研究课题组，张光宏. 2006. 农地使用权流转的公平与效率问题. 农业经济问题，(9)：9-12.

中国土地资源生产能力及人口承载量研究课题组. 1991. 中国土地资源生产能力及人口承载量研究（概要）. 北京：中国人民大学出版社.

周诚. 2006a. 中国农地转非自然增值分配的"私公兼顾"论. 中国发展观察，(9)：27-30.

周诚. 2006b. "涨价归农"还是"涨价归公". 中国改革，(1)：63-65.

周大伟. 2004. 美国土地征用和房屋拆迁中的司法原则和判例——兼议中国城市房屋拆迁管理规范的改革. 北京规划建设，(1)：174-177.

周弘. 2001. 社会福利制度的理论框架. 中国人口科学，(4)：1-9.

周其仁. 2004. 农地产权与征地制度——中国城市化面临的重大选择. 经济学季刊，(10)：193-210.

朱道林，强真，毕继业. 2006. 中国农地征用的价格增值分析. 中国土地科学，20（4）：24-27.

朱红波 . 2006. 粮食安全的耕地资源保障措施研究 . 水土保持研究，（10）：160-165.

朱林兴 . 2006. 土地闲置问题的严重性、成因及其处置 . 探索与争鸣，（11）：8-12.

朱荣科，宏晶 . 1997. 论社会福利与经济政策 . 学术交流，（7）：9-12.

诸培新，曲福田 . 2003. 从资源环境经济学角度考察土地征用补偿价格构成 . 中国土地科学，（3）：10-14.

诸培新 . 2006. 农地非农化配置：公平、效率与公共福利——基于江苏省南京市的实证分析 . 南京：南京农业大学 .

邹秀清 . 2006. 农地非农化：兼顾效率与公平的补偿标准——理论及其在中国的应用 . 农业技术经济，（4）：2-14.

《中国土地年鉴》编辑部 . 1995-1997. 中国土地年鉴 . 北京：中国大地出版社 .

Allardt E. 1976. "Dimensions of Welfare in a Comparative Scandinavian Study". Acta Sociological，（19）：227-239.

Arnott R J, Lewis F D. 1979. The transition of land to urban use. Journal of Political Economics，87（1）：161-169.

Aronsson T, Lofgren K G. 1998. Green accounting in imperfect market economies-a summary of recent research. Environmental and Resource Economics，11（3-4）：273-287.

Arrow K J, Fisher A C. 1974. Environmental preservation, uncertainty, and irreversibility. Quarterly Journal of Economics，（88）：312-319.

Arrow K J. 1963. Social Choice and Individual Values. 2nd ed. New York：Wiley and Sons.

Atkinson, Anthony B. 1970. "On measurement of inequality." Journal of Economic Theory，2（3）：244-263.

Auty R M. 2006. Natural resources, capital accumulation and the resource curse. Ecological Economics，61（4）：8-16.

Bateman I J, Langford I H, Alistair M, et al. 2000. Estimating four hicksian welfare measures for a public good：a contingent valuation investigation. Land Economics，76（3）：355-373.

Becker G S, Mulligan C B. 1997. The endogenous determination of time preference. Quarterly Journal of Economics，112（3）：729-758.

Beckerman W. 1995. Is economic growth still desirable? In：beckerman W. Growth, the Environment and the Distribution of Income. Edward Elgar，Aldershot.

Bromley D W. Property relations and economic development：the other land reform. World Development，17（6）：867-877.

Bromley, Hodge I. 1990. Private property rights and presumptive policy entitlements：reconsidering the premises of rural policy. European Review of Agricultural Economics，17（2）：197-214.

Brunstad R J, Gaasland I, Vardal E. 2005. Multifunctionality of agriculture：an inquiry into the complementarity between landscape preservation and food security. European review of agricultural economics，32（4）：469-488.

Buchanan J M. 1954. Individual choice in voting and the market. Journal of Political Economy, 62 (8): 334-343.

Castaneda B E. 1999. An Index of Sustainable Economic Welfare (ISEW) for Chile. Ecological Economics, 28 (2): 231-244.

Charles Goldblum, Tai-Chee Wong, Growth. 2000. Crisis and spatial change: a study of haphazard urbanization in Jakarta. Indonesia: Land Use Policy: 17: 29-37.

Clarke M, Islam S M N. 2003. Measuring social welfare: application of social choice theory. Journal of Socio-Economics, 32 (1): 1-15.

Cobb, Clifford, Halstead, et al. 1995. The Genuine Progress Indicator: Summary of Data and Methodology. San Francisco.

Costanza R, Arge R, Groot R, et al. 1997. The value of the world' secosystem services and natural capital. Nature, 387 (15): 256.

Costanza R, Ralphd'Arge, et al. 1997. The value of the world' secosystem services and natural capital. Nature, 387: 256.

Crafts N F R. 1997. "The human development index and changes in standards of living: some historical comparisons." European Review of Economic History, 1 (3): 299-332.

Crisp R. 2001. Well Being. CA: Stan-ford University.

Daly H E. Cobb J B. 1990. For the Common Good: Redirecting the Economy Towards Community, the Environment, and a Sustainable Future. Boston: Beacon Press.

Daniels T. 1999. When city and country collide: managing growth in the metropolitan fringe. Washington: Island Press.

Dasgupta P, Sen A K, Starrett D. 1973. Note on the measurement of inequality. Journal of Economic Theory, (6): 180-187.

Dasgupta P. 2001. Human Well-Being and the Natural Environment. Oxford: Oxford University Press.

David M. 1996. Measuring the changing quality of the world's poor: the physical quality of life index. Brown University Center for the Comparative Study of Development, Working Paper No, 23/24 (Providence, RI) .

Deman S. 2000. The real estate takeover-application of grossman and hart theory. International Review of Financial Analysis, 9 (2): 175-195.

Diene E D, Eunkook Suh. 1997. "Measuring quality of life: economic, social and subjective indicators." Social Indicators Research, 40 (1-2): 89-216.

Easterlin R A. 1995. "Will raising the incomes increase the happiness of all?" Journal of Economic Behavior and Organization, 27: 35-47.

Federico R C. 1990. Social Welfare in Today's World. New York: McGraw-Hill.

Felix Schläpfer. 2008. Contingent valuation: a new perspective Ecological Economics, 64 (4): 729-740.

Ferguson C A, Khan M A. Protecting Farmland near Cities Land Policy, 9 (4): 259-271.

Firman T. 2000. Rural to urban land conversion in Indonesia during boom and bust periods. Land Use Policy, (17): 13-20.

Firman T. 2003. Rural to urban land conversion in Indonesia during boom and bust periods. Land Use Policy, 17 (1): 13-20 .

Fogel R W. 1994. "Economic growth, population theory, and physiology: the bearing of long-term processes on the making of economic policy. " American Economic Review, 84 (3): 369-395.

Gardner B D. 1977. The economics of agricultural land preservation. American Journal of Agricultural Economics, 59 (6): 1027-1036.

Gasper D. 2002. Is sen's capability approach an adequate basis for considering human development? Review of Political Economy, 14 (4): 435-461.

Gengaje R K. 1992. Administration of farmland transfer in urban fringes: lessons from Maharashtra, India. Land Use Policy, 9 (5): 272-282.

Gershuny J, Halpin B. 1996. "Time use, quality of life, and process benefits. " In Offer, A. (ed.) . Oxford: In Pur suit of the Quality of Life. 188-210.

Griffin J. 1986. Well-Being. Oxford: Clarendon Press.

Hamilton C. 1999. The Genuine Progress Indicator Methodological Development and Results from Australia Ecological Economics.

Hanemann W M. 1984. Welfare evaluations in contingent valuation experiments with discrete responses. American Journal of Agricultural Economics, 66 (4): 332-341.

Harsanyi J C. 1953. Cardinal utility in welfare economics and in the theory of risk-taking. Journal of Political Economy. (61): 434-435.

Harsanyi J C. 1955. Welfare, individualistic ethics, and interpersonal comparisons of utility. Journal of Political Economy. (63): 309-321.

Hediger W. 2000. Sustainable development and social welfare. Ecological Economics, 32: 481-492.

Hodge I. 1984. Uncertainty, irreversibility and the loss of agricultural land. Journal of Agricultural Economics, 35 (2): 191-202.

Ikejiofor U. 2006. Equity in informal land delivery: insights from Enugu, Nigeria. Land Use Policy, 23 (4): 448-459.

Imran Matin, David Hulme. 2003. Rural to urban land conversion in Indonesia during boom and bust periods. World Development , 31 (3): 647-665 .

Jason Venetoulis, Clif Cobb. 2004. The Genuine Progress Indicator 1950 ~ 2002 (2004 Update). Sustainability Indicators Program, (3): 387-403.

Jon Matthews, Max Munday, Annette Roberts, et al. 2003. An index of sustainable economic welfare for wales. Report for the Countryside Council for Wales, 1990-2000.

Kaldor N. 1939. Welfare propositions of economics and interpersonal comparisons of utility. Economic Journal, (9): 49-52.

Kenneth J, Arrow K J. 1951. Social Choice and Individual Values. Yale University Press.

Lin yifu. Rural reforms and agricultural growth in China. The American Economic Review, (1): 34-51.

Little, Ian M D. 1949. The foundations of welfare economics. Oxford EJP.

Little, Ian M D. 1957. A Critique of Welfare Economics, 2nd ed. London: Oxford University Press.

Lopez R A, Shah F A, Altobllo M A. 1994. Amenity benefits and optimal allocation of land. Land Economics, 70 (1): 53-62.

Lopez T T D. 2001. Stakeholder management for conservation projects: a case study of ream national park, cambodia. Environmental Management, 28 (1): 47-60.

Marquette C M. 2005. Settler welfare on tropical forest frontiers in Latin America. Population & Environment, 27 (5-6): 397-444.

Matthew Clarke, Sardar M N Islam. 2003. Measuring social welfare: application of social choice theory. Journal of Socio-Economics, (32): 1-15.

Matthews J, Munday M, Roberts A, et al. 2003. An index of sustainable economic welfare for wales. Report for the Countryside Council for Wales, 1990-2000.

McDonnell M S, Pickett S T A. Ecosystem structure and function along urban-rural gradients: an unexploited opportunity for ecology. Ecology, 71 (4): 1232-1237.

Mishan E J. 1960. The economic growth debate: an assessment. Allen Unwin.

Mishan E J. 1981. Economic efficiency and social welfare: selected essays on fundamental aspects of the economic theory of social welfare. Allen Unwin.

Mullen E J. 1969. The structure of psychological well being. Social Service Review, 44 (3): 370-372.

Nordhaus W, Tobin J. 1972. "Is Growth Obsolete?" NBER 50th Anniversary Colloquium. New York.

Pareto V. 1935 . The Mind and Society. London: Cape.

Parfit D. 1984. Reasons and Persons. Oxford: Clarendon Press.

Peragine V. 2004. Measuring and implementing equality of opportunity for income. Soc Choice Welfare, 22: 187-210.

Pigou A C. 1999. The economics of welfare. Beijing: China Social Sciences Publishing House.

Richard M. Auty. 2006. Natural Resources, Capital Accumulation and The Resource Curse. Ecological Economics, 8-16.

Robert Costanza, Ralphd'Arge, et al. 1997. The value of the world' socosystem services and natural capital. Nature, 387: 256.

Schläpfer F. 2008. Contingent valuation: a new perspective. Ecological Economics, 64 (4):

729-740.

Scott J, Janet M, Thomas. 2006. Environmental Economics & Management. Beijing: Qinghua University Press.

Seligman M, Csikszentihalyi M. 2000. Positive psychology: an introduction. American Psychologist, (55): 5-14.

Sen A K. 1979. Person utilities and public judgements: or what's wrong with welfare economics? The Economic Journal, 89. 537-558.

Sen A K. 1973. On Economic Inequality. Oxford: Clarendon Press.

Sen A K. 1977. Social choice theory: a re-examination. Econometrics, (45): 53-59.

Sen A K. 1993. Capability and well-being. In: Nussbaum M, Sen A. 30-53.

Sen A K. 1999. The possibility of social choice. The American Economic Review, 89 (3): 348-349.

Sen A K. 2002. Rationality and Freedom. Cambridge, MA: Harvard University Press.

Stevens J B. 1993. The Economics Of Collective Choice. Westview Press.

Thomas Aronsson, Karl-Gustaf Lofgren. 1998. Green accounting in imperfect market economies-a summary of recent research. Environmental and Resource Economics, 11 (3-4): 273-287.

Uche Ikejiofor. 2006. Equity in informal land delivery: insights from enugu, nigeria. Land Use Policy, 23 (4): 448-459.

United Nations Development Programme. 1998. Human Development Report. NewYork: Oxford University Press.

Venetoulis J, Cobb C. 1974. The Genuine progress indicator 1950 ~ 2002 (2004 update): sustainability indicators program. 2004 Public Economies, 3: 387-403.

Vito Peragine. 2004. Measuring and implementing equality of opportunity for income. Soc Choice Welfare, (22): 187-210.

Werner Hediger. 2000. Sustainable development and social welfare, ecological economics, 32: 481-492.

White, Jeanne S. 1998. Beating plowshares into townhomes: the loss of farmland and strategies for slowing its conversion to nonagricultural uses. Environmental Law, 28 (1): 113-143.

Xenophon Z. 1981. Economic Growth and Declining Social Welfare. New York: New York University Press.

Xenophon Z. 1981. Economic Growth and Declining Social Welfare. New York.

Xie Y, Mei Y, Tian G, et al. 2005. Socio-economic driving forces of arable land conversion: a case study of Wuxian City, China. Global Environmental Change Part A, 15 (3): 238-252.

附　录

1　农业部门 GLS 估计结果

东　部				
Dependent Variable：Y？				
Method：Pooled EGLS（Cross-section SUR）				
Date：08/12/08 Time：20：33				
Sample：1994 2005				
Included observations：12				
Cross-sections included：11				
Total pool（balanced）observations：132				
Linear estimation after one-step weighting matrix				
Variable	Coefficient	Std. Error	t-Statistic	Prob.
C	1.014580	0.063692	15.92941	0.0000
X1？	0.156250	0.005807	26.90822	0.0000
X2？	0.630130	0.007744	81.37351	0.0000
X3？	0.125534	0.014436	8.695654	0.0000
		Weighted Statistics		
R-squared	0.999849	Mean dependent var		20.11881
Adjusted R-squared	0.999846	S. D. dependent var		80.00076
S. E. of regression	0.994297	Sum squared resid		126.5442
F-statistic	282644.5	Durbin-Watson stat		1.726183
Prob（F-statistic）	0.000000			
		Unweighted Statistics		
R-squared	0.928610	Mean dependent var		5.897879
Sum squared resid	11.49432	Durbin-Watson stat		0.341063

中 部

| Dependent Variable: Y? |
| Method: Pooled EGLS (Cross-section SUR) |
| Date: 08/12/08 Time: 21:06 |
| Sample: 1994 2005 |
| Included observations: 12 |
| Cross-sections included: 8 |
| Total pool (balanced) observations: 96 |
| Linear estimation after one-step weighting matrix |

Variable	Coefficient	Std. Error	t-Statistic	Prob.
C	− 0.815470	0.262271	− 3.109262	0.0025
X1?	0.163393	0.015116	10.80953	0.0000
X2?	0.723445	0.016691	43.34255	0.0000
X3?	0.232777	0.031427	7.406845	0.0000
	Weighted Statistics			
R-squared	0.985564	Mean dependent var		9.558292
Adjusted R-squared	0.985094	S. D. dependent var		8.038966
S. E. of regression	0.981492	Sum squared resid		88.62600
F-statistic	2093.700	Durbin-Watson stat		1.953708
Prob (F-statistic)	0.000000			
	Unweighted Statistics			
R-squared	0.702952	Mean dependent var		6.257280
Sum squared resid	10.33451	Durbin-Watson stat		0.383911

西 部

| Dependent Variable: Y? |
| Method: Pooled EGLS (Cross-section SUR) |
| Date: 08/12/08 Time: 21:16 |
| Sample: 1994 2005 |
| Included observations: 12 |
| Cross-sections included: 11 |
| Total pool (balanced) observations: 132 |
| Linear estimation after one-step weighting matrix |

Variable	Coefficient	Std. Error	t-Statistic	Prob.
C	− 1.529727	0.024680	− 61.98155	0.0000
X1?	0.243443	0.003679	66.17096	0.0000
X2?	0.868287	0.004190	207.2053	0.0000
X3?	0.120433	0.004443	27.10496	0.0000

	Weighted Statistics			
R-squared	0.999757	Mean dependent var		− 3.168796
Adjusted R-squared	0.999751	S. D. dependent var		63.51490
S. E. of regression	1.002665	Sum squared resid		128.6830
F-statistic	175179.9	Durbin-Watson stat		1.821136
Prob（F-statistic）	0.000000			
	Unweighted Statistics			
R-squared	0.936028	Mean dependent var		5.290433
Sum squared resid	10.46367	Durbin-Watson stat		0.419465

注：Y = LOG（GDP）；X1 = LOG（K）；X2 = LOG（L）；X3 = LOG（LAND）

2 非农业部门 GLS 估计结果

东 部				
Dependent Variable：Y？				
Method：Pooled EGLS（Cross-section SUR）				
Date：08/12/08 Time：21:24				
Sample：1994 2005				
Included observations：12				
Cross-sections included：11				
Total pool（balanced）observations：132				
Linear estimation after one-step weighting matrix				
Variable	Coefficient	Std. Error	t-Statistic	Prob.
C	0.350634	0.095833	3.658792	0.0004
X1？	0.999300	0.012520	79.81642	0.0000
X2？	0.180556	0.019971	9.040992	0.0000
X3？	0.076258	0.013579	5.615696	0.0000
	Weighted Statistics			
R-squared	0.999891	Mean dependent var		59.32121
Adjusted R-squared	0.999888	S. D. dependent var		95.76462
S. E. of regression	1.013188	Sum squared resid		131.3983
F-statistic	390061.3	Durbin-Watson stat		1.888045
Prob（F-statistic）	0.000000			
	Unweighted Statistics			
R-squared	0.921366	Mean dependent var		8.059391
Sum squared resid	10.83747	Durbin-Watson stat		0.579395

中 部

Dependent Variable：Y？

Method：Pooled EGLS（Cross-section SUR）

Date：08/12/08 Time：21:31

Sample（adjusted）：1995 2005

Included observations：12

Cross-sections included：8

Total pool（balanced）observations：96

Iterate coefficients after one-step weighting matrix

Variable	Coefficient	Std. Error	t-Statistic	Prob.
C	1.852310	0.219189	8.450735	0.0000
X1？	0.785586	0.036349	21.61250	0.0000
X2？	0.097883	0.022649	4.321738	0.0000
X3？	0.213791	0.041768	5.118480	0.0000
	Weighted Statistics			
R-squared	0.989272	Mean dependent var		25.35244
Adjusted R-squared	0.988922	S. D. dependent var		9.378110
S. E. of regression	0.987050	Sum squared resid		89.63266
F-statistic	2827.941	Durbin-Watson stat		1.953722
Prob（F-statistic）	0.000000			
	Unweighted Statistics			
R-squared	0.883240	Mean dependent var		7.678034
Sum squared resid	4.122113	Durbin-Watson stat		0.907369

西 部

Dependent Variable：Y？

Method：Pooled EGLS（Cross-section SUR）

Date：08/12/08 Time：21:35

Sample：1994 2005

Included observations：12

Cross-sections included：11

Total pool（balanced）observations：132

Linear estimation after one-step weighting matrix

Variable	Coefficient	Std. Error	t-Statistic	Prob.
C	0.454824	0.077858	5.841726	0.0000
X1？	0.710105	0.016846	42.15161	0.0000
X2？	0.388147	0.010768	36.04541	0.0000
X3？	0.052827	0.012813	4.122930	0.0001

附

录

	Weighted Statistics			
R-squared	0. 999622	Mean dependent var		− 1. 608498
Adjusted R-squared	0. 999613	S. D. dependent var		51. 57355
S. E. of regression	1. 014616	Sum squared resid		131. 7690
F-statistic	112781. 2	Durbin-Watson stat		1. 901714
Prob （F-statistic）	0. 000000			
	Unweighted Statistics			
R-squared	0. 897043	Mean dependent var		6. 521274
Sum squared resid	18. 36600	Durbin-Watson stat		1. 468816

注：Y = LOG （GDP）；X1 = LOG （K）；X2 = LOG （L）；X3 = LOG （LAND）

后　记

　　面临中国快速城市化的形式和科学技术日新月异的发展背景，作为一个涉及多学科、极富时代性与动态性的永恒的研究课题，本书的研究还只能说是一种尝试，探索远未完成。

　　书稿得以完成，首先应感谢我的博士生导师张安录教授，他严谨的学风、渊博的才识、创新的精神、宽广的胸襟、平易近人的风范，都深深影响着我并将使我终身受益。本文从选题构思、资料查询、实地调研到写作、修改、定稿的每一个环节，无不得到导师的悉心指导和热忱教诲，并提出了许多建设性的意见。

　　衷心感谢华中农业大学经济管理——土地管理学院的雷海章教授、韩桐魁教授和陆红生教授、中国人民大学经济管理学院的朱信凯副教授、中国传媒大学的贺峰博士后，正是他们的热情帮助、悉心指导和无私奉献才使我顺利地走上了学术研究之路。往事恍如昨日，历历在目。在此，谨向他们致以最诚挚的敬意和谢忱！

　　感谢华中农业大学经济管理——土地管理学院的李崇光教授、王雅鹏教授、陈兴荣书记、关恒达书记、任宇华副院长、李艳军教授、严奉宪教授等院领导，以及同事余戎、陈曙、周钧、曹飞、薛娟、镇玲、严丹等对我的理解、帮助和支持；感谢杨刚桥教授、董捷教授、陈银蓉教授、黄朝禧教授、马才学教授、易法海教授、蔡根女教授、冯中朝教授、张俊飚教授、周德翼教授、祁春节教授、陶建平教授、郑炎成教授对我的传道、授业、解惑，先生们的学识、风范和品格永远是我的人生楷模。论文写作过程中，汪晓银副教授为本文第5章的计量经济分析付出了许多辛劳，赵玉博士、王雨濛博士为Eiews软件的使用提供了许多指导。本书初稿完成后，昆明理工大学的李洪波博士、湖北大学的李国敏博士和华中理工大学的彭可茂博士拨冗审阅、通读全文，提出了宝贵的修改意见。在此谨致谢忱！

　　感谢美国马里兰大学城市规划系的丁成日教授和北京大学环境学院的满燕

云教授、孟晓晨教授，他们的帮助使我有机会参加美国林肯土地政策研究院举办的第五期和第九期城市经济高级培训班，并有机会聆听世界最著名的城市经济学家——瑞典产业经济研究所 Yvez Zenou 教授、美国纽约大学 John Quikly 教授、美国加州大学洛杉矶分校 Matthew E. Kahn 教授、美国伊利诺伊大学经济学院 Daniel McMillen 研究员、美国韦斯利学院 Karl Case 教授和世界银行高级经济学家曾智华的精彩演讲，这些高水平专题讲座使我接触了学术前沿，了解了研究动态，受益匪浅！

感谢我的家人，他们的支持与鼓励永远是鼓舞我前进的动力！

彭开丽

2011 年 7 月 5 日于武昌·狮子山